호모 코어밸리우스

호모 코어밸리우스
Homo Corevalius

오세진 지음

'핵심가치'를 갖고
가치 있는 삶을 살아라!

당신은 호모 코어밸리우스인가

누구에게나 타인이 가늠하기 어려운 상처가 있다. 많은 사람이 예상치 못한 고난과 어려움에 절망한다. 오늘의 행복, 더 나은 내일을 위해 앞으로 나아가는 삶을 꿈꾸는 대신 그 자리에 멈춰 서버린다. 머리가 멍해질 정도의 속도로 빠르게 변하고 무한 경쟁을 부추기는 세상에서 멈춤은 도태됨과 동의어다. 도태되지 않기 위해 마음속 상처를 돌아볼 겨를도 없이 우리는 또 그렇게 세상에 던져진다. 어디로 가야 하는지, 무엇을 위해 존재하는지도 모른 채 가슴 속에 깊은 생채기를 가지고 살아간다. 반면에 삶 속에서 내 동의 없이 밀려들고 합의 없이 벌어지는 연속된 고통을 현명하게 수락하고 자신만의 가치판단 기준에 따라 나름의 존재를 펼쳐가는 삶을 사는 이도 있다. 이들은 불안과 고통 속에서도 희망과 즐거움을 발견하며 인생에서의 봄을 다시 맞이한다. 이들에게 '상처'는 새로운 내일을 준비하는 과정이다.

물론 삶의 방향을 점검하고 에너지를 축적하기 위해 멈춤이 필요할 때도 있다. '넘어지는 건 당신 탓이 아니지만 다시 일어나지 않는

건 명백히 당신의 잘못이다.'라는 말처럼 충분히 쉬었다면 다시금 세상과 마주하며 내일을 준비하길 권한다. 나 역시 2년간의 멈춤이 있었다. 남들처럼이 아닌 나답게 행복하게 사는 인생, 내면의 가치를 따라가며 올바른 방향으로 삶을 이끌어가는 방법에 대해 고민했던 소중한 시간이다. 세상의 다양한 소음이나 잡음에 휘둘리지 않고 내 마음의 소리에 귀를 기울이며 핵심가치Core Value를 근간으로 인간의 궁극적 가치이자 본질적 가치를 추구하는 새로운 인간상에 대한 책 『호모 코어밸리우스』를 쓰게 되었다. 『호모 코어밸리우스』는 핵심가치를 통해 삶의 가치를 높이고 행복한 인생을 살아갈 수 있도록 방향을 제시하고자 만들어진 책이다. 아무것도 하지 않으면 아무 일도 일어나지 않는다. 상처를 극복하고 어제보다 더 행복한 내가 되고 싶다면 핵심가치를 기준으로 살아가는 '호모 코어밸리우스'의 삶에 한 발 더 다가가 보자.

물론 '인간' 하면 떠오르는 개념은 바로 생각하는 인간인 호모 사피엔스Homo sapiens이다. 호모 사피엔스는 다른 동물과 구분되는 인간의 본질을 생각하는 이성에 두고 창조된 개념이다. 인류의 역사는 결국 생각하는 인간, 호모 사피엔스가 만들어온 문명 창조의 역사다. 호모 사피엔스 이후 인간의 다양한 특징을 나타내는 이름들이 등장했다. 예를 들면 놀이하는 인간 호모 루덴스Homo Ludens, 공감하는 인간 호모 엠파티쿠스Homo Empathicus, 공생하는 인간 호모 심비우스Homo Symbious 등이 나타나 저마다 인간의 다양한 특징을 상징적으로 표현한다. 인간이 가진 고유한 특성을 기계나 인공지능이 대체할 가능성이 현실로 나타나면서 기계가 할 수 없는 인간 고유의 능력이 무엇인지를 탐구하지 않을 수 없게 됐다. 단순한 사고기능이나 판단능력은 인간보다 기계가 뛰어날 수 있다는 사실적 증거들이 속속 드러나고 있다. 이제 인간은 답을 찾아가는 지능보다 새로운 문제를 제기하며 미지의 세계로 탐험을 떠나는 지성이 더욱 필요하게 됐다. 다시 말해서 기계가 대신할 수 없는 인간 고유의 가치가 무엇인지를 심각하게 고민해볼 시점이다.

바야흐로 인간을 대표적으로 지칭하는 생각하는 인간 호모사피엔스를 넘어서는 새로운 인간상을 설정할 필요성이 생겼다. 이런 문제의식으로 고민하다 만든 새로운 인간상이 호모 코어밸리우스Homo Corevalius, 즉 핵심가치로 삶의 가치를 배가시키는 넥스트 휴먼이다. 핵심가치란 나만의 색깔을 드러내는 나다움의 발로다. 핵심가치대로 살아간다는 것은 나만의 색깔이나 의사결정 기준에 비추어 누구와도 비교할 수 없는 자기 길을 걸어간다는 의미다. 핵심가치대로 살아가면 자기답게 살아갈 수 있으며 결과적으로 행복한 삶을 영위할 수 있다.

인간의 고유한 가치는 나다움을 찾아 부단히 변신을 거듭하는 가운데 드러난다. 핵심가치를 삶의 중심에 두고 남들처럼 살지 않고 나답게 살아가며 전인미답前人未踏의 길을 걸어가는 인간이 바로 호모 코어밸리우스다. 호모 코어밸리우스는 시계제로의 불확실한 변화가 극심하게 전개되는 가운데 가치관의 혼란이 일어나는 시점에서 더욱 빛을 발할 수 있는 인간상이다. 지금 우리 모두에게 던져진 가장 큰 숙제는 저마다 인간이 지니고 있는 고유한 핵심가치를 발견하고 실천하는 삶을 사는 것이다.

호모 코어밸리우스 삶의 '중심'에는 '핵심가치'가 있다

"생각하면 할수록 내게 늘 큰 경탄을 불러오고 숭고함으로 다가오는 것이 둘 있다. 내 머리 위에 별이 빛나는 하늘과 그리고 내 마음속의 도덕법칙이다."

철학자 칸트의 저서 『실천이성비판』 결론 부분에 나오는 구절이다. 칸트는 이 문구를 자신의 묘비명에도 그대로 남긴 바 있다. 여기서 머리 위에 별이 빛나는 하늘은 인간의 노력이나 과학적인 방법으로 도달할 수 없는 불가지不可知의 세계를 의미한다. 닿을 수 없음에도 미지의 세계를 향해 탐구를 멈추지 않는 공부하는 사람의 자세와 태도를 나타내는 말이다. 여기서 칸트의 묘비명을 인용하는 이유는 이 구절의 뒷부분에 나오는 '내 마음속 도덕법칙'과 호모 코어밸리우스의 삶을 연결해서 생각해보기 위해서다. 본능적 욕구에 순응하고 타인의 의지에 종속되며 자연법칙의 지배를 받는 동물적 차원을 넘어서 인간이 인간답게 살 수 있는 것은 바로 우리 안에 도덕법칙이 있기 때문이다. 도덕법칙은 우리 마음속에 중심을 잡아주고 인간의 존엄성을 유지하며 살 수 있도록 방향을 일러주는 핵심가치인 셈이다. 인간이 자연적 욕구와 욕망에 휘둘리며 욕망의 노예로 살지 않기 위해 핵심가치로서의 도덕법칙을 세우고 그것을 따르는 것은 매우 중요하다.

내 마음속 도덕법칙은 인생에서 길을 잃고 헤맬 때 긍정적인 방향으로 나아갈 수 있도록 방향을 알려주는 나침반이나 북두칠성을 의미한다. 아주 오래전에 사람들은 밤하늘의 가장 빛나는 별인 북두칠성을 지표 삼아 이동했다. 바다를 항해하거나 사막이나 초원을 오가는 사람들에게 있어 정확한 방향을 판단하는 것은 생사를 결정짓는 중요한 것이다. 방향을 제대로 잡지 못할 경우 망망대해를 헤매거나 사막에서 길을 잃고 죽음에 이른다. 절체절명의 순간에 그들은 밤하늘의 북극성을 기준으로 방향을 정해서 이동했다. 변치 않고 그 자리에서 방향을 알려주고 기준이 돼주는 이정표 역할을 하는 북극성이 없었다면 많은 사람이 방향을 잃고 시행착오를 경험하지 않았을까? 그들처럼 내 삶의 중심에도 북극성과 같이 빛나는 별들이 있다. 그 별들은 칸트가 '도덕법칙'이라고 표현한 핵심가치다. 핵심가치는 내가 인생의 좌표를 잃고 헤맬 때 이정표 역할을 해주었다. 핵심가치는 내가 딜레마에 빠지거나 갈림길에 서 있을 때 중심을 잡고 중요한 결단을 내릴 수 있도록 도와주는 기준이다. 우리는 살아가면서 세상의 유혹과 시류에 따라 끊임없이 흔들린다. 삶은 생각한 것보다 생각지도 못한 일이 일어나는 경우가 많다. 그럼에도 나는 내 삶의 중심을 잡고 가치 있게 살아가는 비결인 핵심가치 덕분에 방향을 잃지 않고 꿈을 향해 매진할 수 있었다. 이처럼 핵심가치를 삶의 중심에 두고 살아가는 사람이 바로 호모 코어밸리우스다.

우리는 늘 새로운 '오늘'과 대면한다. '오늘'은 늘 '처음'이다. '처음' 만나는 오늘이기에 늘 불안하고 '처음' 살아보는 오늘이기에 시행착오를 경험한다. 살다 보면 생각지도 못한 일이 발생해서 계획대로 풀리지 않을 때도 있고 이전에는 경험해보지 못한 딜레마 상황에서 신속한 의사결정을 하지 않으면 안 될 때도 있다. 어떤 기준으로 신속하게 판단해서 행동해야 하는지를 깊이 고민했고 그러면서 삶의 중심을 잡아줄 수 있는 가치 판단의 기준에 대해서 생각한 적이 많았다. 사람은 때로 감당하기 어려운 시련과 고난으로 인해 극도의 우울감에 빠지는 순간이 있다. 심할 경우 삶의 의욕 자체를 잃기도 한다. 나는 그럴수록 마음속의 도덕법칙을 따르는 인간인 호모 코어 밸리우스로 살아가려는 노력을 해야 한다고 생각한다. 삶의 기준이 명확한 사람들은 방향을 잃고 헤매다가도 다시 삶의 중심을 잡고 앞으로 나아갈 수 있다. 또한 남들의 생각과 의견에 쉽게 휩쓸리지 않고 고난과 역경에 맞서며 가치 있는 인생을 살아가며 자신만의 스토리를 만들어갈 수 있다.

나를 만나러 떠나는 내면으로의 여행

사람은 살아가면서 밖으로 떠나는 여행을 기획하고 실제로 많이 다녀보기도 한다. 여행을 떠나기 전에는 언제나 설렌다. 우리는 현재의 무료한 삶을 벗어나 새로운 활력을 얻기 위함이라든지, 낯선 곳에 대한 막연한 동경심이 생겼다든지 등의 각기 다른 이유를 가슴에 품고 여행을 떠난다. 모든 여행은 지금의 내가 만날 수 없는 낯선 환경과 새로운 사람들과의 만남을 선물해준다. 덕분에 우리는 여행을 통해 더욱 성숙해지고 새로움 속에서 행복을 발견한다. 여행을 떠나지 않고 지금 여기에 안주한다면 이 세상이 얼마나 넓고 다양한 지를 평생 느껴볼 수 없을 것이다. 더불어 여행에서 우리가 주목해야 할 또 다른 한 가지가 있다. 여행이란 밖으로 떠나는 듯 보이지만 결국 나를 만나기 위해 안으로 파고드는 여정이라는 점이다. 여행지에서 돌아올 때는 다양한 경험과 그 속에서의 깨달음을 통해 떠날 때의 내가 아닌 다른 나를 만날 수 있다. 나는 여행과 핵심가치의 유의성에 주목한다. 많은 사람이 진정한 나다움을 찾아가는 호모 코어밸리우스가 될 수 있도록 부단한 변신을 강조한다.

　지금부터라도 우리는 표면이 아닌 내면을 들여다보며 나답게 살아가기 위해서는 어떤 노력을 기울여야 하는지 스스로에게 질문을 던져야 한다. 답은 밖에 있지 않고 내 안에 있다. 이 책은 핵심가치의 필요성을 논리적으로 이해시키고 설명하는 이론서가 아니다. 내 삶의 중심인 핵심가치를 찾기 위해 내면에 집중하며 스스로 체험하고 느끼면서 깨달은 것을 기록한 자기탐험 여행서다.

　"끊임없이 다른 존재가 되기 위해 애쓰는 세상에서 가장 놀라운 성취는 자기 자신으로 남는 것이다."

　랄프 왈도 에머슨의 말로 많은 사람이 어제와 다른 내가 되기 위해 끊임없는 노력을 전개하는데 결국 그런 노력의 결과는 자기 자신이 누구인지를 아는 데 있다는 의미다. 내가 누구인지, 나만의 고유함은 무엇인지, 그리고 그런 고유함을 통해 어떻게 살아가면 가장 행복한지를 찾기 위해 노력하는 삶, 그런 삶이야말로 모두가 추구해야 할 바람직한 호모 코어밸리우스의 모습이 아닐까. 핵심가치를 통해 어제와 다른 나로 재탄생하고 싶은 사람, 지금까지와 다른 진정한 나를 찾아 내면으로 향하는 여행을 떠나려 하는 사람, 핵심가치로 나만의 가치를 배가시키고 싶은 모든 사람에게 이 책이 여행 안내서를 넘어서 인생의 동반자가 되기를 희망해본다.

새봄의 희망과 함께
우리 모두의 삶이 핵심가치로 밝게 빛나기를 기대하면서

커뮤니데아 마스터코치 오세진

1장

What

핵심가치란 무엇인가

우리는 새로운 개념을 정확하게 알기 위해 사전을 찾아본다. 개념 정의가 머리로 이해는 되지만 가슴에 와 닿지 않는 경우가 많다. 그럴 때 또 다른 방법으로 개념과 관련된 체험적 느낌을 감성적으로 정의하는 방법도 있다. 개념의 의미를 은유법과 비유법을 사용해 전달하면 간결하고 감동적으로 이해된다. 1장에서는 핵심가치가 담고 있는 의미를 비유법을 활용해 많은 사람이 쉽게 이해할 수 있도록 다시 정의해보려고 한다.

아리스토텔레스는 '천재의 표상'으로 '은유적 사고'를 지목했다. 아리스토텔레스는 수사학적 표현 가운데 비유와 은유의 중요성에 주목하면서 "이상적 표현은 우리를 어리둥절하게 하고 평이한 표현은 이미 아는 것을 옮길 따름이지만 비유적 표현은 어떤 것을 가장 신선하게 붙들게 한다."고 했다.

추상명사로서의 핵심가치를 관념적 또는 논리적으로 정의하면 와 닿지도 않고 이해하기도 쉽지 않다. 비유법을 통해 핵심가치를 은유적으로 정의하면 의미도 쉽게 와 닿으며 실천을 촉진하는 효과도 있다.

핵심가치는
의사결정의 기준이다

기준 없이 우왕좌왕 휘둘리지는 않는가

어떤 개념에 대해서 내가 정의하면 정의한 대로 세상이 보이기 시작한다. 세상을 다르게 보려면 무의식적으로 사용하는 개념을 나의 체험적 느낌으로 다시 정의하는 연습을 해야 한다. 핵심가치를 비롯하여 세상의 모든 개념을 체험하고 느낀 대로 나의 관점과 언어로 정의하지 않으면 영원히 다른 사람이 정의한 세계 속에서 살아갈 수밖에 없다. 이러한 문제의식을 기반으로 내가 생각하고 보고 느낀 대로 핵심가치를 재정의해 보려고 한다. 은유나 비유는 추상적 관념을 친숙하고 구체적인 이미지로 변환시켜준다. 내가 정의한 핵심가치는 갈등상황에서 옳고 그름을 판단하는 의사결정의 '기준'이자 어디로 가야 할지 방향을 알려주는 '이정표'며 행복한 삶으로 유도하는 '성공 방정식'이다. 책에 나오는 교과서적 정의가 아닌 살아가면서 체험을 통해 느낀 핵심가치에 대한 생각을 상징적 메타포를 활용해 정의해봤다. 여러분도 핵심가치에 대한 감성적 정의를 읽고 나서 자신이 생각하는 핵심가치의 정의를 사전적 의미가 아닌 자신만의 감성적 정의로 표현하는 시간을 가져보자.

먼저 핵심가치는 의사결정의 기준이다. 기준은 어떻게 하는 것이 옳은지를 판단할 때 작용하는 잣대이다. 어떤 일을 할 것인지 말 것인지, 어떻게 하는 것이 옳은 것인지 그른 것인지를 판단할 때 작용하는 도리道理이다. 또한 매 순간 맞이하는 딜레마 상황 속에서 올바른 판단을 통해 삶의 중심을 잡아주는 기둥이기도 하다. 예를 들면 A라는 사람이 새로운 프로젝트가 생겼다고 제안한다. 설립된 지 얼마 안 되는 회사의 신상품 개발에 필요한 인력양성을 위한 교육과정 개발 프로젝트이다. 그런데 이야기를 들어보니 과거에 어떤 기업을 대상으로 진행됐던 프로젝트와 유사해서 새롭게 배울 내용도 그다지 많지 않은 평범한 프로젝트라는 판단이 들었다고 가정해보자.

이럴 때 나는 내 핵심가치 중에 도전과 열정에 비추어 프로젝트를 하는 것이 옳은지 아닌지를 판단한다. 색다른 도전을 하지 않고도 추진할 수 있다거나 이전과 다르게 열정적으로 몰입할 필요가 없다는 생각이 들면 나에게 제안이 들어온 프로젝트를 하지 말자는 판단을 내린다. 이처럼 의사결정 기준으로 작용하는 핵심가치는 선택의 갈림길에 서 있을 때 할 것인지 말 것인지를 판단하게 해줄 뿐만 아니라 어떻게 행동하는 것이 올바른 삶을 살아가는 길인지를 안내해주는 덕목이다.

만약 이런 기준 없이 살아간다면 어떻게 될까? 우선 선택의 갈림 길에 서 있을 때 고민을 많이 하게 될 뿐만 아니라 진퇴양난의 위기 상황에서도 의사결정을 하지 않고 차일피일 미루다가 결정적인 기회를 놓치는 경우가 발생할 것이다. 더욱더 심각한 문제는 의사결정 기준이 없으면 상황과 사안에 따라 다르게 의사결정을 함으로써 일관성이 없는 사람으로 낙인찍힐 수도 있다. 의사결정의 기준으로서 핵심가치는 상황이 바뀌고 나를 유혹하는 손길이 다가와도 흔들리지 않고 일관된 판단을 내릴 수 있도록 도와주는 일종의 행동규범이다. 핵심가치가 가치판단의 기준으로 자리 잡고 있다면 누가 어떤 상황에서 어떤 부탁을 해도 흔들리지 않는다. 핵심가치라는 기준에 비추어 판단하기 때문에 심지가 굳고 원칙이 확고부동한 사람으로 인정받게 될 것이다.

내가 소중하게 생각하는 핵심가치 중에 진정성이라는 덕목이 있다. 진정성은 사람을 사귈 때 가장 중심에 있는 의사 결정 기준이다. 예를 들면 나에게 새로운 사업 제안을 하는 두 사람이 있다고 가정해보자. 한 사람은 진정성은 없어 보이나 조건이 좋고 큰 고생하지 않고도 많은 돈을 벌 가능성이 보이는 사업을 제안했다. 또 한 사람은 전자와 비교해 좋은 조건이나 성공 가능성은 없어 보이나 무엇보다도 평생 사업 파트너로 생각할 수 있을 만큼 진정성이 넘쳐 보였다. 그럴 때 나는 진정성을 핵심가치로 지녔기 때문에 머뭇거리지 않고 바로 후자를 사업 파트너로 선택한다. 눈앞의 이익에 따라 흔들리지 않고 나만의 가치 판단의 기준으로 사람을 얻는 쪽을 선택한다.

이처럼 핵심가치는 갈등 상황에서 정도正道를 걸어갈 수 있도록 마음을 무장시켜주는 덕목이다. 기준은 기본이 되는 표준을 의미한다. 사회에서 통용되는 객관적인 기준도 중요하지만 이에 못지않게 나답게 행복한 인생을 살기 위해서 행동하거나 판단할 때 따르고 지켜야 할 개인적인 가치판단 기준이 존재한다. 개인은 사유, 의지, 감정 따위가 일정한 이상이나 목적을 이루기 위하여 내면에 가치판단의 기준을 간직하고 있어야 한다. 가치판단의 기준이 흔들리면 세상의 유혹에 넘어갈 수 있고 삶 자체도 불의와 쉽게 결탁해서 정도를 벗어나 살아가게 된다.

핵심가치는 딜레마 상황에서 의사결정을 할 수 있도록 안내해줄 뿐만 아니라 어떻게 살아가는 것이 정도인지를 알려준다. 핵심가치를 지니고 살아가는 사람과 그렇지 않은 사람 간에는 천지차이가 존재한다. 우리 사회에 청탁이 난무하고 부정부패가 끊이지 않는 이유도 저마다의 핵심가치를 중심으로 의사 결정하지 않고 눈앞의 이익을 보고 살아가기 때문이다. 핵심가치 없이 살아가는 사람은 원칙과 기준 없이 상황에 따라 다른 의사결정을 하기 때문에 주변의 유혹에 쉽게 넘어간다. 삶이 옳음이라는 기준에서 벗어나 자기 편의주의적 의사결정에 묻히기 쉽다.

스웨덴 스톡홀름에서 기차로 40분 정도 떨어진 '웁살라Uppsala'라는 소도시에 북유럽 최초의 대학인 웁살라 대학이 있다. 웁살라 대학교 본관 건물에 들어서면 1층 대강당 입구 머리에 "자유로운 사고는 위대하다. 그러나 더욱더 위대한 것은 올바르게 사고하는 것이다."라는 문구가 있다. '올바르게 사고'할 수 있도록 기준을 마련해주는 것이 바로 핵심가치다. 나에게 있어 이러한 '올바른 사고'의 기준은 도전, 열정, 진정성, 감사, 치유 다섯 가지다.

나는 어떤 상황에서도 거짓 없는 마음과 마음이 다하여 없어질 정도로 상대에게 집중하고 관심을 두는 마음, 즉 '진정성'을 삶의 기반과 근본으로 두려고 노력한다. 거기에 '덕분'에 잘됐다는 '감사'를 삶의 중심으로 잡고 자만, 오만, 거만을 경계한다. 또한 '도전'과 '열정'을 날개로 삼아 현실에 안주하거나 상황에 굴복하지 않고 더디지만 조금씩 성숙해지기 위한 노력을 이어간다. '치유'라는 가치를 통해 마음이 힘들거나 소통이 되지 않아 상처를 받은 사람들을 위로하는 일을 업으로 삼으며 이 다섯 가지의 가치대로 생각하고 판단하고 끊임없이 떠올리며 이루기 위한 노력을 게을리하지 않는다. 여러분도 이 책을 통해 자신의 정체성을 드러내면서도 삶의 중심을 잡아주는 핵심가치를 정립하고 실현하는 삶을 살아가기 위한 노력을 함께해보면 좋겠다.

인생은 늘 선택의 연속이다. 양 갈래 길에서 어떤 기준으로 무엇을 선택하느냐에 따라 많은 것이 달라진다. 여러분은 절체절명의 순간 혹은 인생에서 중요한 결정을 내려야 하는 시기에 어떤 기준으로 판단하는가? 자신만의 기준을 가지고 있지 않다면 매번 타인의 결정에 의존하거나 휘둘릴 것이다. 그리고 결정을 내린 후 후회할 일이 생긴다.

　우리의 인생은 본인이 스스로 그려가는 하나의 지도다. 내가 지금처럼 '내가 해서 가장 즐거운 일'을 하면서 흔들림 없이 갈 길을 갈 수 있는 것도 삶의 중심을 잡아주는 핵심가치 덕분이다. 안정적인 회사를 계속 다닐 것을 원하셨던 부모님과 무모한 도전이라며 걱정의 눈초리로 바라봤던 지인들의 말에 마음이 약해져서 내가 행복한 길이 아닌 내 사람들의 마음이 편한 길을 택했다면 지금 과연 행복할까라고 반문해본다. 이 질문에 나는 '살아가지만 죽어 있는 인생'이 될 수도 있었겠다는 생각을 한다. 헬렌 켈러가 했던 말 중에 "인생은 과감한 모험이든가, 아니면 아무것도 아니다."라는 말이 있다. 내가 가고 싶은 길을 가는 것이 가장 행복하게 살아가는 방법이다. 행복한 인생을 위해 본인만의 가치판단 기준인 핵심가치를 꼭 발견하기를 바란다.

핵심가치는
삶의 이정표다

삶의 목적 없이 이리저리 헤매지는 않는가

'하고 싶음'이 생기면 '되고 싶음'이 이어서 발생한다. '하고 싶음' 과 '되고 싶음' 사이에는 '뜻함'이 있다. 뜻이 세워지면 그 '뜻함'을 이루기 위해 시도하는 노력이 뒤따르고 그 과정 끝에 '되고 싶음'이 '이룸'이라는 결실을 본다. 뜻이 완전히 이뤄져 결과로 드러나 보이는 단계가 바로 '보람'이다. 예를 들면 나는 강의가 하고 싶었고 강의를 할 수 있는 강사가 되고 싶었다. 나는 강사가 되기로 뜻을 세우고 최고가 되기보다 최선을 다하고자 노력했다. 그렇게 강사의 꿈을 이뤘다. 이룸의 열매는 맺었으나 여전히 보람 단계에는 이르지 못한 가능태이다. 가능태에서 완성태로 가기 위해 다시 채움이 필요했고 공부가 하고 싶었다. 한창 앞으로 나가며 경력을 쌓는 시기에 모든 것을 내려놓는 것이 아깝지 않으냐고 걱정하는 지인들의 조언도 있었다. 하지만 나는 내면의 가치에 따라 하고 싶어서 이룬 꿈의 보람과 가치를 확충하기 위해 대학원에 진학해서 공부를 계속하고 있다.

처음 접해보는 전공 분야 공부를 하면서 생소한 개념과 대면하며 적잖이 당황도 하고 대학원에서 공부하는 이유에 대해서 고민도 해보았다. 그 와중에 혼란과 나의 무지에 대한 두려움과 부끄러움이 커졌다. 하지만 미지의 세계로 향하는 공부 여정에서 느끼는 두려움과 불안감은 오히려 지적 성장에 도움이 된다고 믿는다. 물론 학위를 받는다고 해서 내가 꿈꾸는 이상적인 완성태가 되리라고는 생각하지 않는다. 나의 무지함을 일깨우고 부족한 지식을 채울 시간이 필요했다. 이렇게 모르는 사실을 조금씩 깨우쳐가면서 성숙해지는 것만으로도 내 뜻을 이뤘다고 말할 수 있다. 하고 싶었지만 못했던 공부를 원 없이 하는 지금이 완성태에 한 발 더 다가가는 과정이라고 생각하는 것만으로도 의미 있는 일이다.

이렇게 '하고 싶음'이 '보람'까지 이어지기 위해서 가장 필요한 조건은 무엇일까? 자신이 세운 뜻을 이뤄내는 것을 멈추지 않기 위해 어떠한 고난에도 흔들림 없이 올바른 길을 가도록 이끌어주는 삶의 이정표이자 나침반이 필요하다. 이정표가 있고 없고는 큰 차이가 있다. 하고 싶은 것을 실행에 옮길 수 있는 용기와 최선을 다해 노력하는 의지를 키우기 위해서는 내가 무엇을 원하는지를 명확히 알아야 한다. 본인이 알고 있는 것을 선택했다면 올바른 방향으로 나아가야 한다. 나답게 살아가도록 방향을 제시해주는 것이 바로 이정표다. 자기 삶의 주체로서 살아가는 사람이 과연 몇이나 될까? 우리는 보통 자신의 삶을 주체적으로 영위하고 있다고 착각하며 살아간다.

내 '결단'을 통해 삶을 선택하고 결정한다고 생각한다. 하지만 사실은 사회적 관습과 자신을 둘러싼 많은 관계 속에서 때로는 타인의 의지에 순응하고 맞춰가며 사는 경우가 대부분이다. 내가 선택한 삶이 아닌 '그 어떤 보이지 않는 힘의 작용'으로 인해 선택하도록 강요당하는 삶에서는 행복이 보장되지 않는다. 사회적 관습을 수용하며 타인의 욕망을 자신의 욕망인 양 착각하는 '일상적인 삶'이 반복될수록 나답게 살아가는 삶에서 멀어진다. 자신의 가치에 따라 내면의 소리에 귀 기울이며 색다른 자기다움을 선택하는 '본래의 삶'이자 '나다운 삶'과 '일상적인 삶'이 있다고 가정해보자. 과연 우리는 어느 삶을 추구해야 할 것인가?

나는 등산을 좋아한다. 등산 동호회 활동을 하거나 등산 관련 교육을 받은 적은 없다. 물론 전문적인 장비를 갖춘 것도 아니다. 꾸준히 운동을 즐기는 편이라서 한 시간도 좋고 두 시간도 좋고 보통은 집 근처의 산에 오르고 있다. 산에 가면 일단 머리가 개운해진다. 헉헉거리며 오르다 보면 답답하게 풀리지 않아 가슴을 짓누르던 문제들의 해답이 얻어지는 경험을 하기도 한다. 물론 체력도 좋아진다. 그뿐만 아니라 정상에 올라 마시는 물 한 모금은 어찌나 달콤한지 모른다. 그리고 바위에 아무렇게나 앉아 잠시 숨을 고르며 눈을 감고 있노라면 바람이 귓가를 스쳐 지나가는 느낌도 참 좋다. 이런저런 이유로 등산을 좋아하는데 한 번은 아찔한 경험을 했다. 자주 가는 석성산이 익숙해지다 보니 새로운 코스에 도전해보고 싶었다. 차를 타고 광교산으로 향했다. 광교산은 집에서 그리 멀지 않고 많은 사람이 찾는 산이다. 등산객들이 선호하는 코스를 선택해 부담 없이 산을 올랐다. 경사도도 적당하고 나무들도 우거지고 운동하기 좋은 산이라 생각하며 오르고 있었다. 길이 두 갈래로 나뉘어 있었다. 가만 보니 사람들이 많이 가는 쪽이 있고 그렇지 않은 쪽이 있었다. 나는 조금 더 조용한 분위기에서 산을 느끼고 싶은 마음에 많이 가지 않는 쪽 길을 선택했다. 한참을 가는데 점점 길이 좁아지고 인기척도 느껴지지 않았다. 불안감이 엄습해 왔지만 대수롭지 않게 생각했다. 중간에 길을 잘못 들었나? 돌아갈까도 생각했지만 계속 걸었다. 수풀들이 제멋대로 자라나 있고 길이 점점 좁아지고 있었다. 날은 더운데 물은 이미 다 마셨고 방향 감각까지 상실했다. 낯선 곳에 홀로 떨어진 막막한 느낌이 들면서 겁이 났다.

이런 상황에서 내가 할 수 있는 일은 길을 잃었을 때의 대처 요령을 떠올리는 것이었다. 이정표가 나오기만을 바라는 마음으로 물이 흐르는 방향을 따라 한참을 내려갔다. 돌고 돌아서 천주교 성지 이정표를 발견하고 무작정 그 이정표대로 길을 내려오다 보니 마을이 나왔다. 한참을 산에서 불안감에 떨다가 발견한 이정표가 어찌나 반가웠는지 모른다. 막막함에 주저앉기 직전 발견한 이정표 덕분에 네 시간 만에 산에서 내려오게 됐다. 하지만 차를 주차해뒀던 곳과는 전혀 다른 방향으로 내려왔다. 한참을 걸어 버스와 택시를 타고 이동해야 했다. 지금도 그때를 생각하면 아찔했던 느낌이 생생하다. 등산하다가 길을 잘못 들어 고생했지만 바른길로 인도해준 이정표 덕분에 위기 상황을 잘 극복할 수 있었다. 생각보다 자주 길을 잃고 헤맴의 연속인 것이 우리의 삶이다. 인생이라는 여정 속에서 길을 잃었을 때 결국 방향을 찾을 수 있도록 도와주는 것은 마음속의 이정표다. 이정표는 지금 어느 정도 왔고 앞으로 어디로 가야 하는지를 알려준다.

'처음 살아보는 오늘'이기에 모두 시행착오를 경험하고 실수를 발판 삼아 성장한다. 실수와 잘못된 판단에 대해 반성하고 실수를 되풀이하지 않기 위해 노력하며 인생을 더 가치 있게 만들어간다. 인생에서 길을 잃고 방황할 때 바른길로 이끌어주는 방향타인 핵심가치가 바로 이정표다. 누구나 실수할 수 있다. 하지만 삶의 이정표가 없는 사람은 내가 가는 길이 바른길인지의 판단조차 하지 못한다. 또한 본인의 생각과 행동이 실수임을 자각하지 못할 수도 있고 알게 된다 하더라도 어떻게 극복해야 할지 모른다. 자신의 주관 없이 타인의 생각에 떠밀려 원하지 않는 결정과 선택으로 후회하는 삶을 살기도 한다. 등산에서 경험한 것처럼 길은 알고 가는 것과 잘 모르고 막연하게 가는 것에는 분명한 차이가 있다. 전혀 예상치 못한 결과가 나타나기도 한다. 내가 집중해서 등산로 이정표를 제대로 봤다면 두려움을 느끼며 산을 헤매지도 않았을 것이다.

삶의 이정표가 세워진 사람은 길을 헤매느라 시간과 에너지 소비를 하지 않고 원하는 결과를 더 잘 얻을 수 있다. 이정표가 없는 삶은 목적지도 모른 채 망망대해에서 표류하는 배와 같다. 망망대해를 표류하는 배에게 이정표는 나침반이 될 수도 있고 멀리 보이는 등대가 될 수도 있다. 길을 잃은 덕분에 새로운 길을 찾을 수 있는 것도 이정표 덕분이다. 풍랑에 휘말리고 잠시 길을 잃었어도 목적지가 분명한 배는 다시 정상 궤도에 진입한다. 핵심가치로서의 이정표는 처음부터 분명해지지 않을 수 있다. 이정표는 방황 속에서 힘든 고행과 시련 덕분에 자신도 모르는 사이에 부각된 내 마음의 나침반이다. 우리는 이정표를 찾아 나서기 위해 수없이 많은 길을 걸어보고 또 때로는 길을 잃을 수도 있다. 그런 우여곡절 끝에 내 마음을 이끌어가는 이정표가 내 앞에 나타나는 것이다. 삶의 중심을 잡고 살아가는 사람은 시류에 휘말리고 주변 사람들의 유혹에 흔들릴지라도 다시 자신이 걸어가야 할 길을 찾아 가장 나답게 살아간다.

물론 삶에는 정답이란 것이 존재하지 않는다. 누구도 타인의 인생에 대해 왈가왈부할 자격이 없다. 강사가 되기 위해서 다니던 회사를 그만두고 나왔을 때 주변에서 보내던 우려의 시선들이 생생하다. 나는 숱한 방황 끝에 방향을 찾았다. 목표의식이 분명했기에 어려움 속에서도 중도 포기 없이 묵묵히 가고 싶은 길의 지도를 그려가며 여기까지 왔다. 다들 무모하다며 우려의 목소리를 높였던 때 나만의 삶의 이정표가 없었다면 원하는 길을 갈 수 없었을 것이다. 무수히 많은 답이 존재하는 것이 우리 인생이다. 그때 내가 핵심가치대로 행동하지 않았다면, 그리고 핵심가치를 바탕으로 이끌어주는 이정표가 없었다면 어땠을까? 나는 나답게 하고 싶은 일을 하는 것이 아닌 그저 남들처럼 남들만큼의 인생을 살며 그것이 행복이라고 여기는 자기 합리화 속에서 살고 있었을 것이다. 우리 인생이 무채색인 것은 자기만의 색깔로 채색하지 않아서인지도 모르겠다. 행복한 인생, 나다운 삶을 위한 필요조건으로 핵심가치가 있고 핵심가치는 곧 삶의 이정표임을 잊지 말아야 한다. 이정표가 존재하는 한 오늘 달성하지 못한 목표가 있어도 좌절하지 않고 다시 길을 떠날 용기를 낼 수 있다. 길 위에서 걸어가는 내가 있는 한, 나는 어제와 다른 나로 부단히 변신하게 됨을 명심하자.

핵심가치는
성공 방정식이다

확실한 주관 없이 보여주기 위한 삶을 살지는 않는가

●

많은 사람이 궁금해하고 알고 싶어 하는 성공의 조건과 비결을 다룬 책이 있다. 바로 스티븐 코비의 『성공하는 사람들의 7가지 습관』이다. 스티븐 코비가 말한 성공의 7가지 습관은 이렇다.

첫째, 자신의 삶을 주도하라.

둘째, 끝을 생각하며 시작하라.

셋째, 소중한 것을 먼저 하라.

넷째, 윈-윈을 생각하라.

다섯째, 먼저 이해하고 다음에 이해시켜라.

여섯째, 시너지를 내라.

일곱째, 끊임없이 쇄신하라.

나는 여기에 한 가지를 더해서 성공하기 위한 여덟째 법칙을 말하고 싶다. 성공하는 사람들의 마지막 여덟째 습관은 '성공한 사람들을 따라가지 않는 것'이다. 비교의 기준을 밖에 두지 않고 내 안에 두자. 어제의 나와 비교할 때 우리는 이전보다 더 성장할 수 있고 행복해진다. 타인과의 비교를 통해 얻는 것은 자괴감이나 불행하다는 의식뿐이다. 처음부터 다르게 태어난 사람을 같은 기준으로 비교하고 닮아가게 하는 것처럼 시간을 낭비하는 일은 없다. 남과 비교하는 시간에 나만의 가치를 높일 수 있는 방향과 방법에 대해 고민하자. 핵심가치를 중심으로 살아가는 사람에게는 실패도 없고 끝도 없다. 보람과 의미를 창조하는 행복한 삶은 가치를 추구하느냐 추구하지 않느냐로 나뉘는 것이지 성공과 실패로 나뉘지 않기 때문이다. 핵심가치 중심으로 살아가는 길이 남들처럼 살지 않고 나답게 살아가는 비결이다. 내가 나답게 사는 것이 성공을 넘어 성취감을 맛보는 행복한 삶이다.

일반적 성공의 잣대로 바라본다면, 나는 이 글을 쓸 자격이 없을지도 모른다. 한 회당 강연료를 몇백만 원 이상씩 받으며 방송에 출연한 유명인사도 아니고 교육 관련 사업을 확장해서 지역별 센터를 운영하는 것도 아니다. 내가 강연을 하고 책을 쓸 수 있었던 것은 나름의 기준에서 내린 성공의 정의 덕분이다. 나는 내가 할 수 있고, 해서 즐거운 일을 하는 것이 성공이라고 생각한다. 좋아하는 일을 하면서 자신만의 노하우를 개발하고 능력까지 인정받으며 살 수 있다면 그것이 성공한 삶이고 행복한 인생이다. 이런 의미에서 본다면 나는 분명 성공한 사람이다. 여전히 "지금 하는 일이 좋아요?"라는 질문에 망설임 없이 "그렇습니다!"라고 말할 수 있기 때문이다. 성공한 사람은 뭔가를 성취하고 그 자리에 만족하는 사람이 아니다. 지금 여기에 만족하지 않고 핵심가치를 중심으로 끊임없이 자기 변신을 거듭하는 사람이다. 성공은 어떤 상태를 나타내는 결과가 아니라 노력하는 과정에서 느끼는 심리적 성취감이다.

러시아 작가 막심 고리키는 "일이 즐거우면 세상은 낙원이요, 일이 괴로우면 세상은 지옥이다."라고 했다. 나는 소위 내가 좋아하는 일로 밥벌이를 하기에 행복한 사람이고 고로 성공한 사람이다. 비슷한 맥락에서 알베르 카뮈는 "노동하지 않으면 삶은 부패한다. 하지만 영혼이 없는 노동은 삶을 질식시킨다."라고 말했다. 여기서 영혼이 없는 노동은 내가 왜 이 일을 열심히 해야 하는지 목적의식 없이 어쩔 수 없이 하는 노동이다. 더 근본적으로는 누군가 시켜서 또는 남에게 보여주기 위해서 하는 힘겨운 노동이다. 마음에 내키지 않기에 아무리 좋은 보수를 받아도 일을 통해 자기 발전을 하거나 보람과 가치를 느낄 수 없다. 이 글을 읽고 있는 여러분이 있는 그곳은 낙원인가? 지옥인가? 오늘의 내 '일자리'에서 '제자리'를 찾기 위해 분투노력을 하다 보면 나에게 맞는 '내 자리'를 찾을 수 있다. 내 자리를 찾게 해준 원동력도 핵심가치 덕분이다. 행복한 삶, 성공한 삶의 비결은 나답게 사는 것이고 나만의 컬러를 드러낼 수 있도록 도와주는 성공의 DNA가 바로 개인의 핵심가치다.

우리는 하루에 한 시간 정도를 외면적인 모습을 비추는 거울을 본다. 그렇다면 자신의 마음을 들여다볼 수 있는 내면의 거울은 얼마나 자주 확인하는가? 마음 상태를 들여다보고 진정 원하는 것이 무엇인지를 파악하려는 노력은 얼마나 하고 있는가? 자기반성과 자기성찰은 똑같은 실수를 되풀이하지 않기 위해 꼭 필요하다. 의미 있는 삶, 가치 있는 삶을 살기 위해 필수조건인 셈이다. 남들처럼이 아닌 나답게 살기 위해 삶의 이정표인 핵심가치대로 잘 살아가는지 내면을 반추해보는 노력이 필요하다.

바둑 고수 조훈현이 한 말 중에 승리한 대국의 복기復棋는 '이기는 습관'을 만들어주고 패배한 대국의 복기는 '이기는 준비'를 만들어준다는 말이 있다. 나를 돌아보는 것의 중요성을 잘 담아낸 말이다. 나를 들여다보고 어제의 나보다 성장할 수 있도록 노력하자. 핵심가치는 내면을 투영하는 거울이며 성공 방정식이다. '미러mirror'를 보지 않기 때문에 우리의 삶이 '미로迷路'로 빠져서 방향을 잃고 지금의 상태를 벗어나기 어렵다. 내면의 거울이 핵심가치라면 표정을 보는 거울보다 더 자주 그리고 깊은 사색의 시간을 통해 자신의 삶을 투영해보는 노력을 게을리하지 말아야 한다. 나만의 핵심가치대로 살아가다 보면 제2의 누군가가 되기보다는 세상 어디에서도 찾아볼 수 없는 고유한 내가 될 수 있다.

세상에는 남들처럼 살기보다 내가 세운 기준을 흔들림 없이 묵묵히 수행하며 최초의 무언가를 이룬 사람들이 많다. 그중 1968년 제19회 멕시코 올림픽에 출전해 금메을 딴 높이뛰기 선수 딕 포스베

리의 일화가 있다. 그는 세계 높이뛰기 역사상 최초의 배면뛰기를 시도해서 마의 2미터를 넘긴 2미터 24로 올림픽 신기록을 세우며 금메달을 땄다. 성공하는 사람들의 마지막 8번째 습관인 '성공한 사람들을 따라 하지 않는 것'을 실행했기에 가능한 결과였다. 남들처럼 정면 뛰기로 승부를 봤다면 얻을 수 없었던 승리였다. 어쩌면 마의 2미터는 아직도 깨지 못했을지도 모른다. 그리고 남들처럼 아닌 나만의 길을 꿋꿋이 갔던 사례로 108번의 실패 끝에 비행기를 만드는 데 성공한 라이트 형제의 이야기도 빼놓을 수가 없다. 오빌 라이트와 윌버 라이트 형제는 하늘을 나는 기계를 만들겠다는 아이디어를 처음으로 떠올린 사람도 아니고 처음으로 하늘을 난 사람도 아니다. 그들에 앞서 "희생은 필요하다"는 말을 남기며 글라이더 비행 중 추락사한 독일의 초기 글라이더 발명가인 오토 릴리엔탈이 있다. 라이트 형제는 고등학교도 졸업하지 못한 자전거 수리공이었다. 그들은 끝까지 흥미를 잃지 않고 아이디어를 실행에 옮겼다. 사람들의 손가락질과 비아냥을 아랑곳하지 않았다. 거듭된 108번의 실패 속에서도 포기하지 않는 끈기와 도전정신 덕분에 처음으로 하늘을 나는 데 성공한 사람이 됐다. 남들처럼 생각했다면 이루지 못했을 쾌거다.

　나는 커뮤니데아 마스터 코치라는 퍼스널 브랜드로 자신의 컬러를 드러내는 삶을 살아가고 있다. 커뮤니데아 마스터 코치는 나답게 소통하면서 더불어 행복한 소통 공동체를 구축하고 전파할 목적으로 만든 새로운 브랜딩 직함이다. 소통 기법을 가르치는 여타의 강사나 교육프로그램을 따라가는 벤치마킹 전략을 쓰기보다 커뮤니케이션의 이데아를 세상에 전파하고 공유하는 가장 나다운 스타일을 개발하기 위해 노력하고 있다. 우리를 성공으로 이끄는 가치는 남처럼 아닌 나답게 그리고 처음처럼 내 생각의 주인으로 살며 그것을 실행하는 삶에 있다. 여기에서 말하는 '나답게'가 바로 핵심가치다. 핵심가치대로 생각하고 행동할 때의 에너지는 성공을 끌어당겨 여러분이 원하는 삶을 살게 해준다.

세상에서 가장 간단한 성공 방정식은 핵심가치대로 살 때 탄생한다. 핵심가치를 발견했다면 가슴 깊이 간직하고 수시로 생각하며 그대로 실천한다. 나는 다섯 가지 핵심가치를 가슴에 품고 실천하려고 노력한다. 때로는 힘에 부치거나 흔들릴 때도 있지만 핵심가치를 사랑하는 마음만큼은 앞으로도 변함이 없을 것이다. 핵심가치라는 내면의 거울에 비추어 자신의 삶을 점검하고 반추하면 불행한 삶에서 벗어날 수 있다. 나는 잠들기 전 매일 그날의 일들을 핵심가치라는 거울에 비추어 떠올려본다. 핵심가치에 비추어 돌아보고 실수를 반복하지 않도록 다짐하면서 잠든다. 사람은 누구나 실수를 통해 성장한다. 한 번의 실수는 용서받을 수 있지만 두 번의 실수는 실수가 아닌 실기失機가 된다. 인생에서 찾아오는 기회를 놓치지 않고 소중한 인연을 잃지 않기 위해 핵심가치대로 살아가며 나 자신을 바로 보는 연습을 해야 한다.

2장

Why

왜 핵심가치가 필요한가

삶의 주인으로 살아가야 하는 이유

"

우리는 행복해지기를 원하고 행복한 삶을 꿈꾼다. 하지만 어떻게
사는 것이 행복이고 어떤 상태가 됐을 때가 가장 행복한지를 분명
하게 아는 사람은 드물다. 어떻게 하면 내가 원하는 행복한 삶을
살아갈 수 있는지를 고민하는 사람들과 이야기하고 싶은 메시지
가 있다.

행복한 삶을 사는 비결에는 여러 가지가 있다. 사람을 행복하게
만드는 여러 가지 아이디어 중에 핵심가치 중심으로 살아가는 삶
의 의미와 가치에 대해 강조하고 싶다. 핵심가치를 중심으로 내
면의 소리에 귀 기울여보면 내가 가장 행복하게 살 수 있는 방향
을 찾을 수 있다. 핵심가치 중심으로 살아가는 삶의 중심과 방향
을 찾았다면 핵심가치대로 생각하고 행동하면서 나만의 스토리를
만들어가면 된다. 그렇게 살아가는 삶이 가장 나답게 사는 길이며
행복한 삶의 비결이다.

칸트 역시 행복에 대해 "행복의 개념은 아주 불명확한 것이다. 모
두 행복을 얻고자 하면서도 정작 자신이 원하고 의도하는 게 무엇
인지 그 누구도 명확하고 일관되게 말할 수 없다."라고 말했다. 행
복한 삶의 비결은 스스로 원하고 의도하는 게 무엇인지 파악하는
데 있다. 자신이 가야 할 방향을 찾고 나답게 살아가는 삶이 행복
한 삶이다.

행복한 삶의 비결은 거창한 추상적 담론에 있지 않고 나답게 살아
가는 구체적인 일상에 있다. 남과 비교하면서 남들처럼 살아갈수
록 불행한 삶이 계속될 뿐이다. 나다움을 찾아 행복한 삶을 살아
가게 하는 원동력은 핵심가치에 있다. 왜 핵심가치가 소중한지,
핵심가치를 중심으로 살아가는 삶이 세상에서 가장 행복한 삶인
지 탐구하는 여정에 여러분을 초대한다.

삶의 주인으로
살아가는 비결

삶의 주인이 아닌 손님처럼 살고 있지는 않은가

●

"당신은 행복한 사람인가?"

이 질문에 자신 있게 대답할 수 있는 사람이 과연 몇 명이나 될까? 강의를 시작하기 전 청중에게 "지금 행복하세요?" "나는 성공한 사람이고 행복한 사람'이라고 생각하시나요?"라는 질문을 종종 한다. 물음에 사람들은 쉽사리 대답하지 못하고 고민에 빠지는 모습을 보인다. "당신은 행복한 사람입니까?"라는 질문에 고개를 좌우로 절레절레 흔들며 행복하지 않다는 뜻을 내비치거나 실소失笑를 하기도 한다.

많은 사람이 무한 경쟁 시대에 살며 극심한 취업난, 치솟는 물가,

불안정한 미래로 꿈을 포기하고 있는 게 현실이다. 현대인들은 자신의 삶에 만족하지 못하며 무엇이 행복한 삶인지 망각한 채 무의미하고 권태로운 일상을 보내고 있다. 꿈을 잃고 당장 먹고 사는 문제를 해결하기 위해 하루하루 기계적인 삶을 살고 있다. 어제와 똑같은 오늘을 살며 도무지 희망이라고는 찾아보기 어려운 현실 속에서 말이다. 그렇기에 '지금 행복하십니까?'라는 현실과 동떨어진 이상적인 질문에 선뜻 긍정적인 대답을 보여주는 사람이 드물다.

행복은 모든 사람이 추구하는 삶의 필요조건이다. 우리는 무조건 행복해야 하고 사는 게 재미있어야 한다. 하지만 세계적인 경제 불황에 국내외 정치적인 문제들까지 겹쳐지며 한창 꿈을 펼치며 행복해야 할 청년들은 수많은 것을 포기해야 해 N포 세대, 저임금을 뜻하는 열정 페이, 사회에 별다른 기여를 못하는 있으나 마나 한 쓸모없는 인간을 의미하는 잉여인간 등 자조적 용어를 만들어냈다. 문명과 기술의 발달로 어찌 보면 우리는 전보다 더 좋은 환경에서 생활하고 있다. 경제성장 속도나 물질적 풍요로움은 선진국 수준에 근접하고 있지만 피부로 느끼는 행복감은 여전히 기대 이하다. 물질적인 관점에서 본다면 인간의 삶을 편안하게 해주는 다양한 기기들로 과거보다 훨씬 더 풍요로운 삶을 살아가고 있다. 하지만 지금의 삶이 만족스럽지 않고 행복하지 않다는 것은 행복은 물질적 차원이 충족시켜줄 수 없는 정신적인 측면이 존재한다는 반증이다.

철학자 루소는 인간은 "궁극적으로 행복을 추구하는 성향이 있다"고 했다. 이어서 "행복은 자연이 우리에게 새겨놓은 최초의 욕망이다. 결코 우리를 떠나지 않는 유일한 욕망이며 모든 감각적인 존재의 목적"이라고 했다. 왜 이처럼 인간이 추구하는 유일한 욕망인 행복을 가까이 두지 않고 재미없고 행복하지 않은 인생을 참고 견디며 살아야 할까? 이러한 불행은 내가 삶의 주인으로 살아가지 못하고 타인에 의해 선택하도록 강요받는 삶을 사는 데서 온다. 본인의 욕망과 현실의 불균형에서 불행이 비롯되는 것이다.

우리는 열심히 일하고 무언가를 성취하기 위해 달려가고 있다. 하지만 정작 왜 일을 이렇게 열심히 해야 하는지, 어디로 달려가는지에 대한 답을 명확히 내릴 수 없다. 사람들은 나다운 삶이 무엇인지 생각할 시간과 여유조차 갖지 못한다. 그저 남들에게 뒤처지지 않고 남에게 잘 보이기 위해 무조건 열심히 살아가고 있다. '나답게' 살기보다 뚜렷한 목적의식 없이 '남들처럼' 살고 있다. 나답게 살아가려고 애쓰기보다 남처럼 살면서 남과 비교하는 삶을 살아가는 것이 불행의 시작이다. 우리는 모두 각자 인생에서 주인공이다. 사람들은 삶의 주인공처럼 살지 않고 손님처럼 산다. 삶의 주인이 내가 아니라고 생각하는 순간 삶에 대한 애정이 사라지고 이전보다 더 나은 삶을 살아가려고 하지 않는다.

명예, 부, 권력 등 남에게 보여주기 위한 가치를 중심에 두고 살다 보니 스스로 의미 있고 가치 있는 삶을 추구하거나 나답게 살아가는 노력을 게을리하게 된다. 대표적인 사회 사상가이자 미래학자로 평가받는 제러미 리프킨은 『공감의 시대』[01]에서 오늘날 보통 사람들은 인간의 행복을 재산의 소유와 연결시키며 돈으로 행복을 살 수 있고 부富로 통하는 길과 행복으로 통하는 길은 하나이며 같은 길이라고 생각한다고 주장한다. 행복을 물질적 재산의 소유나 부의 축적으로 이루려는 현대인들의 잘못된 욕망을 꼬집고 있다. 나아가 현재의 우리는 재산의 축적과 물질적 가치 등 타인에게 보여주기 위한 삶에 집착하고 있음을 날카롭게 지적한 것이다. 남에게 보여주기 위한 삶을 살다 보면 참된 나를 찾지 못하고 인생의 진정한 의미를 잃어가며 스스로를 한계에 가두게 된다. 삶의 주인으로서 삶을 영위하는 것이 아니라 타인의 기준에 맞춰 끌려가며 울분만을 토하는 삶을 살게 된다.

그렇다면 행복한 삶을 살다가 결국 성공에 이른 사람들의 공통점은 무엇일까? 여러 가지 공통점이 있지만 내가 생각하기에는 삶의 중심에 핵심가치를 설정하고 핵심가치대로 생각하고 행동한 사람들이다. 핵심가치를 삶의 중심에 두면 확고한 자기 주관과 신념대로 판단하고 결정하며 시류에 휘말리지 않는 자기다운 삶을 살아갈 수 있다. 행복하고 성공한 사람들은 핵심가치 중심의 삶을 산다. 나아가 핵심가치 중심의 삶을 살아가는 사람들은 본인이 원하는 길을 정확히 알고 길을 가꿔나간다. 행복해지고 싶다면 삶의 진정한 가치를 발견하는 일이 가장 중요한 과제다.

핵심가치는 삶의 중심이 무엇인지를 진심으로 찾아보다가 만난 내 인생의 본심이다. 나아가 충심으로 그렇게 살아보려는 내 삶의 욕망이 담겨 있다. 하지만 나 혼자 가치 있다고 생각해서 인생의 핵심으로 삼는 것은 아니다. 내가 가치 있다고 생각하는 핵심가치가 남에게는 가치가 전혀 없다면 진정으로 행복하다고 볼 수 없다. 진정한 행복은 항상 관계 속에서 느끼는 삶의 미덕이기 때문이다. 진정한 행복은 나의 행복이 다른 사람에게 피해를 주지 말아야 할 뿐만 아니라 다른 사람의 행복에도 나의 행복으로 영향을 줄 수 있는 관계가 맺어질 때 찾아온다.

행복한 삶을 살기 위해서는 우선 다른 사람과 비교하며 남의 눈치를 보면서 살아가는 삶을 과감하게 청산해야 한다. 나에게 어울리면서 내가 하면 더욱 빛나 보이는 핵심가치를 찾아낸 다음 그것대로 생각하고 행동하면서 나만의 스토리를 만들어가는 것이야말로 행복한 삶의 전제조건이다. 또한 행복은 관계 속에서 오고 가는 삶의 활력소다. 핵심가치대로 살아가면서 다른 사람도 더불어 행복해지는 비결을 찾아보자. 핵심가치로 살아가면서 쌓은 나만의 재능을 남을 위해 사용할 때 더불어 행복해진다. 누군가를 도와준다는 것 자체가 삶의 행복이다. 내가 갖는 전문성이나 재능이 다른 사람이 꿈을 꾸거나 꿈으로 향하는 여정에 도움이 된다면 그것만으로 그 사람은 이미 행복한 사람이다. 행복은 절대로 한 사람이 다른 사람과 관계없이 느끼는 독립적인 가치가 아니다. 행복은 언제나 관계 속에서 주고받는 가운데 자연스럽게 실현되는 삶의 미덕이자 가치다.

나도 행복한 삶을 살아가기 위해 부단히 노력해왔다. 핵심가치를 중심으로 끊임없이 생각해보고 그 가치가 무엇인지를 다양한 방법으로 찾아보았다. 그 결과 나는 행복한 삶을 살아가는 방법으로 도전, 열정, 진정성, 감사, 치유라는 다섯 가지 가치를 찾게 됐다. 다섯 가지의 핵심가치를 발견하고 나만의 스토리로 인생의 한 페이지 한 페이지를 채워가는 방법을 알았다. 다섯 가지 가치대로 생각하고 판단하고 행동했을 뿐인데 삶의 많은 부분이 달라졌다. 핵심가치대로 살다 보니 전보다 훨씬 행복한 사람이 됐다. 또한 행복은 어떤 시기에 완성되는 추상명사가 아니라 언제나 변화 도중에 있는 동사임을 명확히 알게 됐다.

가만히 앉아서 뭔가를 오랫동안 생각한다고 행복해지지 않는다. 행복은 지금 당장 어떤 행동을 어제와 다르게 반복할 때 시작된다. 지금의 행복에 안주하지 않고 어제의 나보다 더 나은 사람이 되기 위해 노력을 멈추지 않는다. 그것이 내가 더 행복하게 사는 비결이라고 생각한다. 삶에 모종의 변화를 추진하려고 노력하는 와중에 책을 쓸 기회가 왔다. 혹자들은 아직 성공한 것도 아니고 채워야 할 것들이 많은데 벌써 책을 내는 것은 시기상조라며 걱정하고 우려하는 시선을 보냈다. 그럼에도 내가 책을 써보기로 한 까닭은 내가 가진 보잘것없는 생각이라도 직접 쓰면서 내 삶의 변화를 일으켜보려는 의지가 있었기 때문이다.

현재 나는 강사라는 직업을 가지고 8년째 가슴 뛰는 삶을 살고 있다. 물론 힘들고 어려운 일이 없었던 것은 아니다. 함께 시작한 동기 스무 명 중 지금 현재 강사라는 직업을 유지하는 사람이 두 명뿐이다. 많은 사람이 중도에 포기할 만큼 강사가 되는 길은 녹록하지 않다. 그럼에도 처음의 마음을 잃지 않고 지금까지 일을 행복하게 계속할 수 있는 원동력은 핵심가치에 있다. 독일 철학자 니체는 "왜 살아야 하는지 아는 사람은 그 어떤 방식도 거의 견뎌낼 수 있다."라고 말했다.[02] 삶의 의미와 방향을 아는 사람은 어떠한 고통도 의연하게 이겨낼 수 있을 뿐만 아니라 그 고통이나 시련을 통해 삶의 진정한 의미도 찾아낼 수 있다는 의미다. 이처럼 행복은 내 삶의 과정에서 일어나는 장애와 시련을 이겨내는 가운데 발견하는 내 삶의 의미와 연관해 나타난다.

돌이켜 보면 삶은 언제나 높은 파도가 치는 망망대해였으며 예측할 수 없는 일들이 다가오는 불확실한 세계였다. 하지만 고난과 역경도 결국은 행복의 여정으로 가는 길에서 나를 더욱 단단하게 만들어주는 성장의 촉진제임을 알아야 한다. 나 역시 핵심가치를 통해 중심을 잡기 전까지는 삶이 주는 고통에 괴로워하고 왜 이런 시련이 오는지에 대해 불만을 느꼈다. 그러나 가치를 발견한 후에는 미지의 세계를 두려워하기보다는 극복하고 새로운 것에 도전하며 그 안에서 느끼는 성취감을 사랑하게 됐다. 핵심가치 덕분에 무엇보다도 너무나 사소해서 지나쳐버릴 수 있는 모든 것에 감사한 마음을 가지게 됐다. 현실에 안주하기보다는 도전적인 삶에 언제나 심장이 뛰었고 재미있고 신나는 일에 열정적으로 몰입하는 즐거움을 맛보았다. 많은 사람을 만나면서 항상 인간관계의 중심에 진정성으로 신뢰를 쌓아가려고 노력했으며 모든 일이 다 덕분에 잘됐다고 감사하는 삶을 살 수 있게 됐다. 전문성 덕분에 모든 사람과 치유를 통해 행복한 삶을 살아갈 수 있도록 미력하지만 도움을 줄 수 있다는 생각을 하게 됐다.

절망을 겪으며 희망의 소중함을 깨달은 사람과 걸림돌에 넘어졌지만 걸림돌을 다시 디딤돌로 바꿔서 역경을 극복한 사람에게 일상은 색다른 상상을 할 수 있는 소중한 삶의 터전이다. 다양한 시행착오와 우여곡절 끝에 찾은 강사라는 직업도 단순히 지식이나 기술을 전달하는 사람으로 생각한다면 그렇게 행복하지 않을 것이다. 강사라는 직업을 통해 느끼는 행복감은 핵심가치대로 생각하고 행동하면서 깨달은 삶의 교훈을 청중들과 나누면서 느끼는 성취감에서 비롯된다. 청중들에게 "정말로 강의를 사랑하는 것 같다." "강사가 천직이다." 같은 칭찬을 듣는 경험도 핵심가치대로 생각하고 행동하며 나누는 과정에서 느끼는 행복감 덕분이다. 강의할 때 가장 나다운 모습이 드러나고 나에게 잘 어울리는 꿈을 실현하면서 나오는 행복한 에너지 덕분에 청중도 더불어 행복한 기운을 느낀다. 힘들고 지칠 때마다 마음의 도덕법칙, 즉 핵심가치에 비추어 성찰해보고 방향을 점검하며 내딛는 발걸음이 행복으로 가는 초석이 된다. 핵심가치야말로 행복한 삶을 살아가기 위한 출발점이자 과정이며 기준이자 지향점이다.

나답게
살아가는 방법

나답게 살지 않고 남들처럼 살아가고 있지는 않은가

●

유학의 기본 강목인 『대학大學』에는 삼강령三綱領이 있다. 삼강령 중 첫 번째 강령은 '명명덕明明德'이다. 명명덕은 밝은 덕明德을 소유해서 밝히는 일明이다. 밝은 덕은 내 안에 내재돼 있는 천성이나 나다움이다. 나다움을 발견해서 밝혀내는 과정이 곧 명명덕이다. 명명덕은 누구나 태어날 때부터 지닌 밝은 덕의 빛으로 더 큰 세상으로 나아가는 작업이다. 내 마음속 밝은 빛은 나다움이 드러날 때 가장 밝게 빛난다. 내 안에 있는 밝은 빛은 외부의 시련이나 역경에 직면할 때 잠시 어두워질 수도 있다. 하지만 나다움을 드러내는 밝은 빛은 없어지는 것이 아니라 잠시 밝기가 어두워질 뿐이다. 핵심가치는 내 안의 밝은 빛을 찾아내 나다움이 가장 색다르게 드러나도록 해주는 원동력이다. 또한 내 안에 존재하는 밝은 빛이 나다움으로 드러날 때 타인에게까지도 선한 영향력을 미칠 수 있다는 의미다. 나답게 산다는 것은 내 안에 존재해왔지만 인식하지 못했던 밝은 '덕'을 밝히는 일이 최우선의 과제다. 밝혀진 밝은 덕으로 나뿐만 아니라 타인에게도 덕을 나누는 삶이야말로 다른 사람과 구분되는 나다운 삶이다.

사람들은 자기 안에 있는 나다움을 깨닫지 못하고 살아간다. 핵심 가치 없이 살아간다는 것은 결국 나다움을 포기하고 남들처럼 살아가기 시작한다는 의미다. 내가 누구인지, 내가 좋아하는 일이 무엇인지와 같은 내면으로 향하는 질문을 던지지 않고 주어진 일만 하면서 살아가면 결국 내 인생을 사는 게 아니라 남의 인생을 살게 된다. 나다운 인생을 살기 위해서는 내가 사랑하는 일을 찾아야 한다. 내가 사랑하는 일을 찾는 가장 손쉬운 방법은 삶의 중심이 되는 핵심 가치대로 다양하게 모색하고 실험해보는 것이다.

예를 들면 도전과 열정이 핵심가치라면 어떤 일을 하든지 간에 해당 분야 내에서 어제와 다른 도전을 즐기면서 열정적으로 몰입해보는 방법이다. 자신의 일을 즐기다 보면 그 누구도 흉내 낼 수 없는 자신만의 철학과 신념이 담긴 일의 성취가 이루어진다. 일을 성취하기까지 힘들고 어려울 수 있다. 그럼에도 마침내 이룩한 성취에는 땀과 정성이 스며들어 있고 나만의 스토리가 담겨 있다. 인생에서 소중하다고 생각하는 핵심가치대로 생각하고 행동하며 만들어가는 이야기 속에는 고뇌와 철학이 녹아 있다.

예를 들면 '감사'라는 핵심가치가 있다. 감사라는 핵심가치를 삶의 중심으로 삼으며 내가 하는 모든 일이 덕분德分에 잘되는 것으로 생각된다. 당장 손해가 되는 일이거나 하기 싫은 일이라고 할지라도 그 일을 할 기회가 생겼음에 감사함을 느낀다면 새로운 가능성을 찾을 수 있다. 나아가 감사하는 태도로 살아가면 모든 일에서 돌파구를 마련할 수 있다. 감사함으로 일에 임하면 부정적인 눈보다 긍정적인 눈으로 문제를 파악함으로써 이전과 다른 관점에서 색다른 가능성을 찾을 수 있기 때문이다. 감사하다는 생각으로 세상을 바라보면 부정적인 상황에서조차도 살아가는 이유와 가치를 발견할 수 있다. 살아가는 이유와 가치 속에는 신념과 철학이 반영돼 있다. 신념과 철학이 남들처럼 살기보다 나답게 살아가게 하는 기반이다. 결국 나답게 살아가는 비결은 딜레마 상황에서도 흔들리지 않고 자기만의 방식으로 살아가게 해주는 핵심가치에 있다.

「돈 스톱 빌리빈Don't Stop Believin」이라는 노래가 있다. 21세기에 가장 많이 다운로드 된 2000년 이전의 노래이기도 하다. 나는 이 노래를 2003년 패티 젠킨스 감독의 영화 「몬스터」를 통해 처음 듣게 됐다. 영화 속 주인공들이 가장 행복해하는 모습이 나올 때 나왔던 배경음악이다. 미국의 록 밴드 저니가 1981년에 발표한 곡으로 아담 솅크만 감독의 2012년 영화 「락 오브 에이지」에 수록된 노래이기도 하다. 이 노래 가사에 보면 주변 상황에 아랑곳하지 않고 자신의 신념대로 살아가라는 내용이 있다. 핵심가치를 가진 사람은 주변의 시선이나 의견 심지어 비판적 제안이나 감정을 상하게 하는 상황에서도 흔들리지 않고 의연하게 대처해나간다. 심리적으로 불안하고 때로는 불리한 상황에서도 남의 시선이나 의견에 현혹되지 않는 건 옳다고 믿는 신념체계와 핵심가치를 중심으로 판단하고 행동하기 때문이다. 핵심가치는 내 삶의 중심을 잡아주는 엄격한 판단 기준이자 자신과의 약속이다.

핵심가치를 지닌 사람은 관념적으로 생각만 하거나 이상적인 꿈만 꾸지 않는다. 핵심가치는 핵심가치대로 생각하고 행동할 때 비로소 그 존재 이유가 드러난다. 사실 핵심가치를 찾기도 쉽지 않지만 핵심가치대로 행동하기는 더욱 어렵다. 핵심가치에 대한 대표적인 오해는 듣기 좋은 말이나 미사여구를 활용해 만든 일종의 선언문이다. 이런 오해를 불식시키고 핵심가치의 존재 이유를 자신의 삶을 통해 드러낸 대표적인 사람이 있다. 그가 바로 "옳다고 생각하면 지금 당장 행동하라"는 말을 남긴 아시아의 슈바이처이자 '행동하는 사람'으로 불린 고 이종욱 박사다.

이종욱 박사는 우리나라 최초의 국제기구 사무총장을 역임하며 평생을 소외되고 가난한 사람을 위해 봉사한 행동하는 사람의 화신이다. 미국 시사주간지 『타임』은 '세계에서 가장 영향력 있는 100인'으로 그를 뽑았다. WHO 내에서는 '작은 거인'으로도 불리며 아직도 그의 인품과 업적을 기리고 있다. 그를 행동하는 사람이라고 부르는 이유는 핵심가치대로 생각하고 행동하며 솔선수범하는 리더십의 전형을 보여주었기 때문이다.

올바르고 선하게 세계를 이끌었던 그를 '우리나라 최초 국제기구 수장'이라는 화려한 타이틀만으로는 설명하기 어렵다. 그는 WHO 총장임에도 근면하고 검소함으로 타의 모범을 보여주었다. 그와 관련된 수많은 일화가 있지만 행동하는 사람의 전형을 엿볼 수 있는 몇 가지 사례가 있다.

예를 들면 오랜 세월을 WHO에 몸담고 있으면서도 자기 소유의 집 없이 월세로 사는 검소함을 몸소 보여주었다. 주행거리가 30만 킬로미터가 넘는 자동차를 타고 다녔을 뿐만 아니라 이등석을 타고 세계 곳곳을 누비기도 했다. 이러한 비용절감으로 의료 정책에 필요한 기부금을 모으는 생활 속의 미덕을 몸소 실천하기도 했다. 또 각 나라 인사들이 선물한 기념품은 상트페테르부르크에 있는 고아원 아이들을 돕기 위해 기꺼이 기부했다. '옳다고 생각하면 지금 당장 행동해야 한다'는 자신의 말처럼 행동하는 지성인의 진면목을 보여준 사례임이 틀림없다. 그를 이렇게 이끄는 힘은 과연 무엇이었을까? 고 이종욱 총장은 자신의 신념과 철학이 담긴 핵심가치를 모든 의사결정의 기준으로 삼고 핵심가치대로 과감한 행동을 보여준 위인이다.

『동의보감』에 천불생무록지인天不生無綠之人 지부장무명지초地不長無名之草란 말이 나온다. 하늘은 복 없는 사람을 낳지 아니하고 땅은 이름 없는 풀을 키우지 않는다는 의미다. 세상의 모든 생명체는 저마다 살아가는 이유가 있다. 그냥 거기에 존재하는 생명체는 아무도 없다. 우리는 모두 저마다의 색깔과 영혼을 지니고 세상의 그 누구와도 비교할 수 없는 고유한 정체성을 지니고 태어났다. 그러나 우리는 자라면서 내 안의 빛을 찾고 나답게 삶을 살아가기보다 남들처럼 살아가려고 평생을 아등바등 살아가는 경우가 많다. 그 예를 요즘 유행하는 각종 TV 프로그램에서도 볼 수 있다. 슈퍼스타 K, 톱밴드, K 팝스타, 쇼미더머니Show me the money 등 수많은 음악 관련 서바이벌 오디션 프로그램에서 자기만의 개성이나 재능으로 승부를 거는 사람이 거의 없는 것 같다. 이러한 프로그램에서 심사위원들의 심사 멘트를 유심히 듣다 보니 방송사는 다 다르지만 공통으로 나오는 심사평이 몇 가지 있다. 내가 듣기에는 모두 실력파고 다들 한결같이 좋은 목소리를 지닌 것 같은데 심사위원들은 그때마다 "노래를 듣는 동안 다른 가수가 떠올랐다." "모창 가수를 하는 것은 어떠냐?" "노래는 잘하지만 자기만의 컬러가 없다." 등 독특하고 매력 있는 음색이 부족하다는 말로 독설을 내뱉으며 참가자들을 당황스럽게 만들면서 탈락시키는 경우가 있다.

반면에 노래실력이 조금 부족하지만 누군가의 목소리를 흉내 내기보다는 독특한 자신만의 색깔을 내는 참가자에게는 지금까지 들어보지 못한 소울Soul이 있다. 기본기 연습을 조금만 더 하면 엄청난 성장 가능성이 있을 것 같다며 예상 밖의 후한 점수를 주기도 했다. 이러한 프로그램을 통해 인지도를 얻고 가수로 성공한 예를 보면 남매로 구성된 악동 뮤지션, 「벚꽃엔딩」「여수밤바다」 등 여러 히트곡을 낸 버스커 버스커, 독특한 매력의 밴드 장미여관 등 모두 그 팀만의 독특한 느낌이 있고 음악성이 돋보이는 경우가 많았다. 이들은 자신만의 음악성과 스타일을 부각해 타인이 흉내 낼 수 없는 자기 방식으로 노래를 불렀다. 독특한 음악성을 보여주는 사람들은 앞에 가는 누군가를 쫓고 닮아가기보다는 조금은 더디고 알아보는 이가 없을지라도 본인만의 음악적 느낌을 유지하며 그 가치대로 꾸준히 노력했다. 성공한 기성가수들을 흉내 내기보다 미완성이지만 희망의 싹을 틔우며 자신만의 독창적인 음악성을 키워나가는 길이야말로 자기답게 음악을 하는 방법이다. 이들이야말로 음악에서도 핵심가치를 중심으로 자신의 가치를 드러낸 사람들이다.

이렇듯 분야를 막론하고 남들처럼 살아가려고 부단히 모방하는 사람보다 자신의 가치를 드러내며 살아가는 삶이 나답게 살아가는 삶이다. 비록 음악뿐만 아니라 모든 창작의 세계에서도 자기다운 길을 가는 사람만이 독창적이면서도 독보적인 경지에 이를 수 있다. 저마다의 시를 쓴 시인들, 자기만의 방식으로 문학 세계를 구축한 작가, 독창적인 화풍으로 그림의 신기원을 이룩한 화가들도 모두 누군가를 흉내 내지 않고 창작의 DNA를 자기 안에서 찾은 사람들이다. 결국 핵심가치대로 작품 활동을 하는 길이 세상에서 가장 색다른 자기다움을 드러내는 방법임을 알 수 있다. 나답게 살아가는 비결을 찾고 싶다면 나다움을 반영하고 있는 핵심가치를 찾아야 한다.

내가하면
잘할 수 있는 일

좋아하지만 잘할 수 없는 일을 붙잡고 있지는 않은가

"하루하루를 인생의 마지막 날처럼 산다면 언젠가는 바른길에 서 있을 것이다."

스티브 잡스가 스탠퍼드대 졸업식에서 했던 축사 중 한 대목이다. 그는 17세에 이 문구에 감명을 받고 50세가 넘도록 매일 아침 거울을 보며 자신에게 "오늘이 내 인생의 마지막이라면 나는 지금 하려고 하는 일을 계속할 것인가?"라며 되물었다. 그리고 만약 "아니오!"라는 답이 계속 나온다면 다른 것을 해야 한다는 걸 깨달았다고 한다. 죽음을 앞둔 상황에서 내 가슴이 시키지 않는 일을 할 이유는 없다. 인간의 삶은 유한하다. 그런 삶을 살아가는 데 타성에 젖어서 살거나 혹은 내면의 소리와 자신의 직관을 따르지 못한다면 살아도 산 것이 아니다. 지금의 일에 만족을 느끼지 못하고 행복하지 않다면 무언가를 변화시켜야 할 시기임을 깨달아야 한다. 삶의 만족을 위해 가슴이 시키는 일을 행동으로 옮겨야 한다. 내 가슴이 시키는 일, 내 심장을 뛰게 하는 일, 그 일이야말로 나를 나답게 만드는 원동력이다. 내 가슴이 시키는 일을 발견하는 데 필요한 것이 바로 핵심가치다. 핵심가치를 발견하고 그것을 중심으로 다양한 시도와 도전을 하다 보면 자신이 좋아하면서도 잘할 수 있는 일을 찾을 수 있다.

지금의 당신은 어떤 삶을 살고 있는가? 오늘이 내 인생의 마지막 날이라면 별로 하고 싶지도 않고 잘할 수도 없는 일을 계속할 것인가? 내가 하고 있는 일을 사랑하며 진정 멋진 일이라고 생각하지 않는데 현실적인 여건이나 어쩔 수 없는 환경 때문에 마지못해서 그냥 하고 있지는 않은가? 혹은 생계라고 쓰고 꿈이라고 읽고 있지는 않은가? 많은 사람이 당장 취업을 위해서나 먹고 사는 문제를 해결하려는 방편으로 일한다. 또는 자신의 의지와는 무관하게 부모의 희망 사항이나 주위 사람들의 기대에 부응하는 직업을 선택하기도 한다. 지금 하고 있는 일에 대해 꿈을 이뤘다고 포장할 뿐 정말 자신이 좋아하고 원하는 일을 하는 사람은 극히 드물다.

이처럼 우리는 내가 하면 잘할 수 있는 일을 붙잡고 행복한 삶을 살아가지 않고 남에게 보여주거나 남들처럼 살아가면서 자신의 인생을 낭비한다. 물론 태어나서 죽을 때까지 내가 좋아하는 일만을 하면서 살아갈 수는 없다. 또 처음부터 내가 하면 잘할 수 있는 일을 찾기란 생각만큼 쉽지 않다. 그럼에도 그래야 하는 이유는 인생은 유한하기 때문이다.

그럼 내가 좋아하면서도 잘할 수 있는 일을 어떻게 찾을 것인가? 내가 잘할 수 있는 일은 책상에 앉아서 머리로 찾을 수 없다. 내가 잘할 수 있는 일은 내 삶의 중심이자 기둥 역할을 하는 핵심가치를 중심으로 다양하게 시도하고 도전을 거듭하다 보면 몸이 먼저 알아내고 나도 모르는 사이에 내 곁으로 다가온다. 많은 사람이 내가 뭘 좋아하고 잘할 수 있는지 모르겠다면서 걱정과 고민만 거듭한다. 내가 좋아하면서도 동시에 잘할 수 있는 일은 오로지 내 몸이 움직여 다양한 경험을 통해 알아낼 수 있는 체험적 통찰력의 소산이다. 머리로 이해하는 앎과 가슴으로 느끼는 앎에는 천지차이가 존재한다. 머리로 생각하면 내가 좋아하는 일 같기도 하고 잘할 수 있을 것처럼 여겨졌지만 막상 실제로 실행해보면 좋아하지도 않고 잘할 수 없는 일이라는 사실이 밝혀진다. 내가 하면 잘할 수 있는 일인지의 여부는 머리로 판단해서 결정할 수 없다. 오로지 몸을 움직여 다양한 체험을 해보는 가운데 알 수 있다.

핵심가치 중심으로 생각하고 행동하기로 한 경우 때로는 좋아하지도 않고 잘할 수 없는 일임에도 올바른 일이기에 해야 하는 순간이 있다. 예를 들면 예상치 못한 부탁을 받고 어떤 일을 해야 하는 상황을 가정해보자. 부탁받은 일이 자신에게 도전적인 일이며 두려움이 앞서는 경우이다. 이런 일도 하다 보면 나도 모르게 잘할 수 있는 일로 바뀔 수 있다. 처음부터 잘할 수 있는 일을 발견하기는 쉽지 않다. 다양한 일을 시도해보고 모색하다 보면 좋아하면서도 잘할 수 있고 해서 보람을 느끼는 일을 찾을 수 있게 된다. 이런 발견의 과정에도 핵심가치가 있다.

내가 좋아하면서도 잘할 수 있는 일을 찾아가는 가장 효과적인 방법은 핵심가치를 중심으로 시행착오와 우여곡절의 체험을 거듭하면서 몸이 어떻게 반응하는지를 유심히 관찰해보고 기록해보는 것이다. 예를 들면 나의 핵심가치 중 하나가 도전이라면 어렸을 적이든 지금까지 성장하면서 내가 도전했던 순간을 떠올려보라! 어떤 일을 할 때 신나면서도 생각보다 훨씬 좋은 성취감을 맛보았는지를 곰곰이 생각해보면 좋아하는 일인 동시에 하면 잘할 수 있는 일이 무엇인지를 알 수 있다. 내 인생에서 도전했던 체험 중에서 도전의 결과는 물론 도전하는 과정에서 즐겁고 신났던 일을 언제 어떤 상황에서 경험했는지를 돌이켜보고 그 당시의 상황을 보다 구체적으로 기술해본다. 과거의 도전 체험을 기술하는 가운데 내가 어떤 일을 좋아하고 왜 그것을 좋아하는지 그리고 그 일을 어느 정도 잘할 수 있는지를 짐작해낼 수 있다.

꽤 오랜 시간이 지났음에도 짧은 시간이 흐른 것처럼 느껴지는 일이 있는가 하면 짧은 시간이 지났음에도 엄청나게 오랜 시간이 지난 것처럼 느껴지는 일도 있다. 좋아할 뿐만 아니라 잘할 수 있는 일은 시간 가는 줄 모르고 몰입하게 되고 열정을 불사르게 된다. 반면에 내가 좋아하지 않거나 설상가상으로 잘할 수 없는 일을 붙들고 있게 되면 가슴이 떨리는 설렘보다는 불안감이 엄습하면서 지루한 시간을 보내게 된다.

우리 주변에 꿈을 이루었거나 남다른 성취를 이룬 사람들의 공통점은 바로 자신이 좋아하면서 잘할 수 있는 일을 붙잡고 무수한 시행착오를 경험하다 비로소 몸이 반응하는 일을 발견하고 몰입해서 성취감을 맛본 사람이다. 그중의 한 사람이 바로 대한민국 최고 남성 4중창 그룹을 결성하는 음악 프로젝트인 「팬텀싱어」의 심사위원 마이클 리다. 마이클 리는 차분하고 진중한 연기로 뮤지컬의 본고장인 미국 뉴욕 브로드웨이와 한국을 오가며 팬들의 사랑을 받고 있다. 그는 마음이 시키는 일을 선택하기 위해 미국 스탠퍼드대 의대 4학년이던 당시 돌연 대학원 진학도 포기했다. 그리고 뮤지컬 「미스 사이공」 투어 프로덕션의 투이 역을 꿰차며 배우로 전향했다. 의사가 되기를 포기하고 갑자기 배우가 된다는 말에 가족들의 반대가 심했다고 한다. 그의 아버지와 형은 의사다. 마이클 리 역시 가족의 바람대로 의대에 진학했지만 남들 보기에 그럴싸한 직업 때문에 가슴이 시키는 일을 포기할 수가 없었다고 했다. 외부의 기대에 떠밀리지 않고 자신의 선택에 대한 두려움을 떨쳐내고 최선의 노력을 다한 결과 「알라딘」 「태양의 서곡」 「왕과 나」 등 유명 작품에서 주연과 조연을 두루 맡았고 지금도 왕성한 활동을 하고 있다. 이렇듯 자신이 사랑하는 일을 발견하고 성취하는 과정이야말로 멋진 일이고 내가 나답게 행복하게 사는 방법이다. 진정한 행복이란 내가 바라는 삶의 실현을 통해 더욱 충만해질 수 있다.

남들처럼 살지 않고 나다움을 찾아 자신이 하면 신나고 잘할 수 있는 일을 발견한 또 다른 사례가 있다. 회사에 다니며 회사원 시인이라는 필명으로 시를 쓰기 시작한 사람, 바로 시詩 팔이 하상욱이다. 회사원이었지만 시를 쓰기 위해 회사를 박차고 나온 그는 시를 쓰면서 하고 싶었던 작사 작곡에도 사비를 털어 도전했다. 물론 주변에서는 그가 만든 노래엔 관심이 없었고 음반을 낸 사실조차 모르는 경우가 대부분이었다. 하지만 그는 평소에 마음속에 품고 있었던 해보고 싶은 일에 도전했고 그 과정에서 무한한 성취감을 느꼈다고 한다. 꿈을 이뤄나가는 과정에서 오히려 그를 더 힘들고 슬프게 했던 것은 노래에 대한 무반응이 아니라 노래를 만든다고 했을 때 주변인들이 보여준 반응이었다. 그 당시 SNS에 노래를 만들어보고 싶다는 글을 올리자 주변의 반응은 '그냥 쓰던 글이나 계속 써요.'였다고 한다. 그가 처음 SNS에 시를 썼던 2012년으로 돌아가 그 댓글을 썼던 사람에게 "오늘 시를 한 번 써봤는데 앞으로 계속 글을 써볼까요?" "이러다가 책도 낼 수 있지 않을까요?"라고 물으면 "그냥 하던 디자인이나 계속하세요."라고 대답하며 한 사람의 꿈을 짓밟았을 수도 있다. 그가 쓴 시 중에 「충고의 벽」이라는 짧은 시가 있다.

수많은 꿈이 꺾인다.
현실의 벽이 아니라
주변의 충고 때문에.

하상욱은 36년 동안 현실의 벽에 얼마나 많이 부딪혀 봤는지를 생각해봤다고 한다. 그리고 자신을 좌절하게 한 건 현실의 벽이 아니라 충고의 벽이었음을 알 수 있었다고 말했다. 현실의 벽은 시행착오는 있겠지만 무수한 시도 끝에 넘어설 수 있는 하나의 장애물에 지나지 않는다. 꿈으로 가는 여정에는 당연히 다양한 장애물과 걸림돌이 존재한다. 한 마디로 현실의 벽은 내가 하면 잘할 수 있는 일을 찾아가는 과정을 통해 나를 보다 성숙하게 하는 디딤돌로 작용한다.

반면에 충고의 벽은 밑도 끝도 없이 반복돼 날아드는 화살과도 같다. 수많은 화살을 맞다 보면 돌이킬 수 없는 마음의 상처가 생긴다. 한 사람의 충고를 힘겹게 받아들이면 또 다른 사람의 충고가 예고 없이 날아드는 경우도 있다. 주변의 충고는 귀담아들을 필요가 있겠지만 내면의 목소리에 귀를 기울여야 내가 이루고 싶은 꿈을 달성할 수 있다. 꿈을 이루지 못한 사람들은 주로 현실의 벽이 아니라 충고의 벽에 무너진다는 공통점이 있다. 충고의 벽에 무너지지 않기 위해서는 외부 사람들의 목소리보다 자신의 핵심가치의 목소리에 귀를 기울여야 한다. 그 당시 하상욱이 주변인의 충고에 주저하며 글을 계속 쓰지 않았다면 짧은 글이지만 많은 이들에게 깨달음을 주고 해학을 느끼게 하는 좋은 시들을 우리는 보지 못했을 것이다.

두 사례를 통해 내가 해서 즐거운 일을 하며 나답게 살다 보면 고통을 이겨낼 수 있을 뿐만 아니라 삶의 진정한 의미도 찾아낼 수 있다는 것을 알 수 있다. 철학자 니체 역시 "삶은 그 자체가 고통이 아니라 경험한 것을 해석하는 과정이 고통이다."라고 말했다. 행복은 내 삶의 과정에서 일어나는 장애와 시련을 이겨내고 그 가운데서 찾아내는 삶의 의미에서 비롯된다. 진정한 삶의 의미는 내가 하면 잘할 수 있는 일을 통해서 찾을 수 있다.

나 역시 우여곡절 끝에 일을 통해 행복해지는 비결을 찾았다. 나는 수많은 강의 콘텐츠 중에서 소통과 치유에 관심이 많았고 그 분야를 좋아했다. 무엇보다도 소통과 치유는 좋아하는 분야일 뿐만 아니라 다른 어떤 분야보다도 잘할 수 있겠다는 자신감이 들었다. 관심이 있다 보니 좋아하게 되고 좋아하다 보니 더 많은 시간을 투자하게 됐다. 관심이 인식의 깊이와 넓이를 심화시키고 확장시킨다. 관심을 두고 시간투자를 하면 관심 분야를 사랑하게 될 뿐만 아니라 하는 일과 중요한 관계를 맺기 시작한다. 관심을 두고 이전과 다른 방법으로 시도하다 보면 일에 대한 남다른 애정이 생긴다. 일에 관한 관심과 애정은 일을 이전과 다른 방법으로 시도하면서 색다른 성과를 낼 수 있게 만드는 원동력이다. 시간투자를 한 만큼 해당 분야에 대해 조금 더 알게 되는 선순환이 일어난다.

이전과 다른 인식이 생기면 이전과 다른 관심을 불러일으키는 것이다. 알면 관심이 생기고 관심이 생기면 그 일을 사랑하게 되는 선순환이 생긴다. 관심을 두고 내가 좋아하는 분야를 파고들어 공부하면 할수록 새로운 깨달음의 즐거움을 얻게 되고 그 즐거움으로 일을 하니 행복해질 수밖에 없다. 독일의 철학자 하버마스는 관심이 인식을 이끌고 인식이 다시 없었던 관심을 만들어낸다고 한다. 소통과 치유에 관한 관심이 소통과 치유를 더 깊이 있게 인식하게 했고 그런 인식이 또 다른 관심을 불러일으켰다.

독일의 작가이자 철학자인 괴테는 "지향하는 한 방황한다"고 했다. 우리는 핵심가치를 중심으로 분명한 목적의식과 절박한 위기의식을 갖고 좋아하면서도 잘할 수 있는 일을 찾아 나가는 여정에서 많은 방황을 하게 된다. 그런 방황이야말로 방향 탐색의 여정이다. 어렵고 힘든 일이 생겨도 단단해지는 하나의 과정이라고 생각해야 한다. 내 의지를 기반으로 내가 좋아서 스스로 선택한 짐은 무겁게 느껴지지 않는 법이다. 불광불급不狂不及이라는 말이 있지 않은가? 한 분야에서 경지에 이르려면 스스로 그 분야에 미쳐야 한다는 뜻이다. 미치면 미칠 수 있다. 나 역시 내가 해서 즐거운 분야인 소통과 힐링에 관한 강의를 하기까지 우여곡절이 있었다. 하지만 도전, 열정, 진정성, 감사, 치유를 나만의 핵심가치로 삼고 그 가치를 실현한 덕분에 행복한 내 자리를 찾을 수 있었다.

3장

How

어떻게 핵심가치를 찾고 실천할 것인가

"

지금부터 나를 잘 표현해줄 수 있는 핵심가치를 어떻게 찾고 삶을 변화시킬 것인지를 보여주려 한다. 핵심가치는 나다움을 드러내는 일이다. 핵심가치는 다른 사람을 모방하거나 누군가에게 배워서 만들어낼 수 있는 덕목이 아니다. 나다움은 밖에 있지 않고 내 안에 있다. 핵심가치도 결국 밖에 있지 않고 내 안에 잠자고 있거나 이미 존재하지만 그게 무엇인지 잘 모르고 지내왔기에 아직 발견하지 못했을 뿐이다. 지금부터 나다움을 가장 아름답게 표현해줄 수 있는 핵심가치를 찾는 다양한 방법을 소개하고 핵심가치를 실천하면서 나답게 살아가는 방법을 함께 생각해보려고 한다. 구체적으로 핵심가치대로 살아가는 실천계획을 수립하고 실제로 행동으로 옮기면서 과연 나답게 살아가는지 주기적으로 피드백을 제공해보려고 한다. 3장이 끝나면 남들처럼 살지 않고 핵심가치를 중심으로 나답게 살아가는 방법을 알게 될 것이다.

핵심가치는
밖에 있지 않고 내 안에 있다

안에서 찾기보다 밖으로 나가 답을 찾고 있지는 않은가

●

핵심가치를 찾는 여정은 나를 발견하는 여정이다. 핵심가치는 누군가 성취한 삶의 성공 체험담에서 나오지 않고 내가 누구인지를 찾아 나서는 내면으로의 여행에서 찾을 수 있다. 좌우봉원左右逢源이라는 사자성어가 있다. 가까이 있는 사물이 학문의 원천이 된다는 뜻으로 자기 주변에서부터 접근하면 복잡한 문제도 잘 풀린다는 의미이다. 즉 복잡한 문제를 해결할 답은 먼 데 있지 않고 뜻밖에 가까운 곳에 숨어 있다는 의미다. 핵심가치도 내 삶의 중심에 있다. 찾고자 하는 많은 답은 이미 내 안에 있다. 잠재된 수많은 가능성의 텃밭에서 아직 경작되지 않은 씨앗의 상태로 있을 뿐이다. 이미 내 안에 존재하지만 그런 가능성의 DNA가 존재하는지조차 모르고 지낼 뿐이다. 핵심가치를 찾는 과정은 없는 것을 만들어내는 창조의 과정이라기보다 이미 있는 것을 발견하는 과정이다. 핵심가치를 내 안에서 발견하기 위해서는 안으로 들어가는 질문을 던져야 한다. 지금부터는 내면의 텃밭에서 핵심가치의 씨앗을 찾아내 꽃을 피우고 열매를 맺기 위해서 나를 발견하는 물음을 던져야 한다.

나는 누구인가? 나는 무슨 일을 할 때 가장 심장이 두근거리고 살아 있음을 느끼는가? 내가 정말 하고 싶은 일은 무엇인가? 그것만 생각하면 잠이 안 오고 행복한 일은 무엇인가? 만약 내가 그 일을 실행하지 않으면 평생 후회할 것 같은 생각이 드는가? 어떤 일을 할 때 몰입하고 열정을 발휘하는가? 생각만 해도 기분이 좋아지고 행복한 표정이 저절로 지어지는 핵심가치를 대변하는 단어가 있다. 수많은 단어 중에서 유독 특정 단어가 마음을 끄는 이유는 그 단어와 연관된 내 삶이 연상되기 때문이다. 예를 들면 도전이라는 단어만 떠올리면 왠지 미지의 세계로 두려움 없이 과감하게 떠나고 싶은 강한 충동을 느낀다. 도전하지 않고 현실에 안주하는 삶은 재미도 없을 뿐만 아니라 살아가는 이유를 전혀 느끼지 못할 수도 있다. 왠지 모르지만 도전적인 일을 하는 순간이 가장 행복한 순간으로 느껴지며 도전하는 삶이야말로 나를 가장 잘 드러내주는 빛나는 삶일 것 같은 예감이 든다.

내면으로의 여행에서 던지는 자문자답自問自答의 과정이 바로 핵심가치를 찾아 나서는 여정이다. 그 여정을 통해서 하루 이틀 사이에 집중적으로 몰입하면서 핵심가치를 찾아낼 수도 있고 몇 달을 고민하면서 힘겹게 찾아낼 수도 있다. 이런 과정을 통해서 핵심가치를 찾아냈다고 할지라도 그것이 나다움을 드러내는 핵심가치가 아니라는 생각이 들 수도 있다. 어쩌면 핵심가치는 채굴을 통해서 찾아낸 원석을 다듬어 아름다운 보석을 만들 듯 평생을 통해서 찾고 다듬어 나를 빛나게 만드는 단련과 연마의 과정이다. 핵심가치는 내가 살아가는 이유이자 나만의 스타일을 만들어가는 미덕이기에 오로지 나만이 찾아낼 수 있다. 나에게 어울리는 일과 옷이 있듯이 나를 빛나게 만들어주는 핵심가치는 오로지 내 안에서 찾아내야 하는 나의 분신들이다.

핵심가치를 찾아가는 여정은 그 누구와 비교하는 과정이 아니라 오로지 나다움을 드러내는 자기발견의 여정이다. 아무리 좋아 보여도 나다움이 반영되지 않는 것은 빛 좋은 개살구에 지나지 않는다. 그래서 핵심가치를 찾는 여정은 무엇보다도 침묵과 고독 속에서 자신과 주고받는 대화 과정이어야 한다. 시끄러운 세상과 잠시 단절하고 나는 어디서 태어나 지금 여기에 이르게 됐는가. 여기까지 살아오는 과정에서 어느 순간에 어떤 일을 하면서 살아왔고 그 일을 하면서 내가 느낀 점은 무엇인지를 끊임없이 묻고 답하는 과정을 거쳐야 한다. 여기서는 남과 비교하지 않고 오로지 자신과 대화를 하면서 진정한 나다움이 무엇인지를 찾아내는 몇 가지 방법을 소개해보려고 한다.

나만의 핵심가치를
찾는 방법

질문을 던지지 않고 정답 찾기에만 급급하지는 않은가

나만의 핵심가치를 찾는 EQ=ABCD 모델 소개

핵심가치란 무엇이고 왜 찾아야 하는지를 이해하고 나면 도대체 어떻게 나만의 핵심가치를 찾을 것인지가 궁금해진다. 땅속에 숨어 있는 광석을 발견하기 위해서는 오랜 시간을 투자해야 한다. 다양한 시추와 탐사에 노력을 기울이는 과정에서 시행착오와 우여곡절을 경험하기도 한다. 그뿐만 아니라 땅속에 잠들어 있는 광석을 보석으로 탄생시키는 과정에는 엄청난 끈기와 집중이 필요하다. 오랜 시간과 끈기 그리고 집중하는 에너지가 한곳에 모일 때 비로소 광석은 보석으로 재발견되고 재탄생할 수 있다. 핵심가치를 발견하는 것도 이러한 과정과 크게 다를 바 없다. 핵심가치를 발견하는 단 하나의 유일한 최고의 방법이란 존재하지 않는다. 몇 가지 방법을 함께 사용해보는 가운데 잠자는 핵심가치 원석을 발견하고 이를 빛나는 보석으로 정련하는 부단한 과정을 통해서만이 삶의 중심을 잡아주는 핵심가치로 비로소 자리 잡게 된다. 여기서는 나만의 핵심가치를 발견하는 EQ=ABCD 모델을 소개한다.

EQ=ABCD 모델에서 영어 이니셜은 각각 다음을 의미한다.

E는 내 삶의 극단Edge of My Life과 극단을 연결하는 것으로 오르락 내리락하면서 만들어온 나만의 인생 곡선을 의미한다. 일명 산맥 타기 방법이다. 내가 살아온 인생 시기별로 뭔가를 성취하면서 즐겁고 행복한 일이나 반대로 실패하고 좌절하며 절망했던 삶의 역사를 기록해보면서 당시에 내가 느끼고 배운 교훈을 토대로 나다운 핵심가치를 찾아낼 수 있다.

Q는 질문Question을 의미한다. 색다른 질문을 통해 삶 속에 녹아 있는 가치를 새롭게 발견한다. 질문을 던지기 이전까지는 원래 그런 상식의 세계였다면 질문을 던지고 탐구하기 시작하면 가능성의 패러다임이 펼쳐진다. 특히 내면을 향해 던지는 질문은 이제껏 한 번도 생각해보지 않은 자신을 깊이 있게 성찰할 수는 모멘텀을 제공한다. E가 내 삶의 극단이라면 Q는 내 삶을 파고드는 질문이다. 합치면 EQ가 된다. 이모셔널 퀴션트Emotional Quotient, 감성지능 지수를 의미하는 약자가 되기도 한다. 세상을 바꾸는 사람은 논리적인 지식

으로 설명하는 냉철한 이성의 소유자라기보다 체험적 지혜와 공감 능력을 바탕으로 사람의 마음을 얻고 상대를 감동시키는 감성적인 설득력의 소유자다. 핵심가치 역시 논리적 설명 대상이 아니라 감성적 설득의 대상이다. 내 두 발로 온 세상을 오롯이 온몸으로 겪으면서 나도 모르게 내 몸에 각인된 감정의 용광로이고 생각의 텃밭에 심어진 씨앗이다. 그것은 누구나 내면에 갖고 있다. 그걸 발견하고 생각하고 실천하며 살아가는 순간, 사람은 경이로운 기적을 만나고 무한한 행복감을 맛보게 된다.

A는 잠자는 내 영혼을 일깨우는 키워드Awakening the Key Words, 즉 생각만 해도 내 가슴을 뛰게 하는 추상명사에서 핵심가치를 찾는 방법을 지칭한다. 누구나 마음속에는 무의식중에 의사결정으로 유도하는 도덕법칙이 존재한다. 평소에는 모르고 있지만 딜레마 상황에 빠졌을 때 자기도 모르게 생각나는 핵심 키워드 몇 가지가 있다. 핵심 키워드를 발견하기 위해 국어사전에 등장하는 추상명사 목록에서 내 마음을 움직이고 일깨우는 키워드를 찾아보는 연습을 할 것이다. 오랫동안 고민할 필요 없이 추상 명사 목록을 보고 우선 마음에 잔잔한 파도를 일으키거나 직관적으로 느낌이 다가오는 단어를 선정해가는 과정이다.

B는 버킷리스트Bucket List를 통해 핵심가치 발견하는 방법을 의미한다. 내 마음을 움직이는 키워드별로 버킷리스트 10가지를 써보도록 하는 것이다. 버킷리스트의 핵심은 내 마음속에 잠자고 있는 욕망의 물줄기를 찾아서 구체적인 일상에 적용해보기다. 욕망이라 생

각하면 막연하지만 내 마음을 움직이는 키워드와 관련된 욕망이라 하면 와 닿는다. 버킷리스트에 담긴 욕망을 따라가다 보면 내 영혼을 일깨우는 키워드와 따로 떨어져 독립적으로 존재하는 게 아니라는 것을 알 수 있다. 영혼을 일깨우는 키워드가 내 삶의 중심을 움직이는 핵심가치가 될 수 있음을 버킷리스트를 통해서 다시 한 번 확인해 보는 작업이다.

C는 커뮤니케이션의 이데아인 커뮤니데아Communidea에 이르는 오행 스타일 진단으로 핵심가치를 찾는 방법이다. 오행스타일 진단을 통해서 핵심가치를 찾는 과정은 핵심가치 관련 키워드를 찾고 이와 관련된 형용사를 통해 핵심가치에 담긴 다양한 욕망을 추적하는 과정이다. 예를 들면 A단계에서 내 영혼을 일깨우는 단어로 도출된 키워드가 도전이라면 B단계에서 핵심가치 관련 버킷리스트를 작성하면서 떠오르는 다양한 느낌을 상상하여 적절한 형용사를 활용해 표현하는 연습을 해본다. 그리고 C단계에서는 도전과 관련된 다양한 형용사를 뽑아보거나 형용사가 지칭하는 인간적 특성을 묘사한다.

D는 닮고 싶거나 존경하는 인물Desires to be a Person을 통한 핵심가치 발견하기를 의미한다. 닮고 싶은 사람을 찾아서 조사해보면 우연한 일치일지는 모르겠지만 내 영혼을 일깨우는 키워드대로 살아가는 사람들이라는 것을 알 수 있다. 그들은 자신의 마음을 움직이는 키워드대로 생각하고 행동하며 버킷리스트를 실천하면서 자기만의 스토리를 만들어가는 사람들이다. 닮고 싶은 사람의 인간적 특성을 조사해보면 오행 스타일 진단에서 밝혀진 키워드별 특징인 다양

한 형용사적 기질대로 한평생을 살아가는 사람임을 알 수 있다. 결국 닮고 싶은 사람은 내 마음을 움직이는 키워드대로 살아가면서 해보고 싶은 다양한 버킷리스트를 실행에 옮기는 사람들이다. 가치대로 생각하고 실행에 옮긴 사람들의 생생한 경험은 같은 가치를 추구하는 누군가에게 강력한 동기 부여가 된다.

ABCD를 통과하고 나면 우여곡절을 기점으로 완성되는 나만의 인생의 곡선인 E가 만들어진다. 사람은 저마다의 삶을 살아가면서 자기만의 발자취를 남기고 저마다의 무늬를 만들어간다. 인생 곡선에는 그 사람이 살아온 인간적 발자취가 담겨 있다. 핵심가치를 찾는 마지막 E 단계에서는 살아오면서 겪었던 체험 중에서 긍정적인 일 다섯 개와 부정적인 일 다섯 개를 도출하고 거기에서 배운 체험적 교훈을 비교적 자세히 쓰는 과정에서 내 마음을 움직이는 핵심키워드 다섯 개를 도출한다. 예를 들면 '도전'이라는 핵심가치 키워드를 선정해서 버킷리스트를 쓴 다음 실제로 실행하는 과정에서 성공체험을 맛볼 수도 있고 실패 체험을 맛볼 수도 있다. 당시에 겪었던 성공체험과 실패체험을 자세히 반추해서 기록하다 보면 성공이든 실패든 소중하게 배운 인생의 교훈이 들어 있다. 교훈 속에는 우리가 찾고자 하는 핵심가치가 잠재된 경우가 많다.

A. 키워드로 잠자는 영혼을 일깨워라

"진정으로 무언가를 발견하고자 하는 여행은 '새로운 풍경'을 바라보는 것이 아니라 '새로운 눈'을 가지는 것이다."

소설가 마르셀 프루스트의 말이다. 새로운 풍경만을 찾아 헤매는 밖으로의 여행이 아닌 익숙한 듯 낯선 주변의 전경들을 새로운 시각으로 바라볼 때 미처 깨닫지 못했던 아름다운 발견을 할 수 있다는 의미다. 그의 말처럼 핵심가치 역시 외부로부터 타인이 찾아주는 것이 아닌 이미 내 안에 존재하는 것들을 이전과 다른 눈으로 내면을 바라보면서 새롭게 깨닫는 자기 발견 여행이다.

어떤 단어를 생각했을때, 유독 마음속에 동요가 일어나면서 과거의 경험이 연상되거나 미래의 도전과제가 생각나는 단어들이 있다. 여기서는 수많은 추상명사 중 잠들어 있는 마음을 움직이는 핵심가치 관련 단어들을 찾아내는 연습을 할 것이다. 밤하늘을 올려다본 적이 있는가? '별이 쏟아진다' 는 표현처럼 하늘에는 무수히 많은 별이 있다. 그 중 유독 시선을 멈추게 하는 반짝이는 별들이 있다. 그런 별은 하나의 별이 아니라 별자리일 경우가 많다. 낱낱의 별은 돋보이지 않지만 별과 별의 관계를 생각하면서 별자리로 가정해서 보면 밤하늘의 별은 더욱 아름답게 보인다.

마찬가지로 앞으로 발견하게 될 핵심가치도 별자리라고 생각해보자. 우선『국어사전』에 나오는 추상명사를 '별'이라 가정하자, 수많은 별 중에서 유독 내 시선을 멈추게 하는 별이 있듯 무수히 많은 추상명사 중에서 유독 마음을 움직이는 단어가 있다. 마음을 움직이는 단어로 최종 결정된 추상명사가 내 가슴 속 별 이다. 또한 각각의 추상명사들이 만든 관계는 별자리를 의미한다. 별자리가 바로 내가 살아가면서 지켜야 할 '도리道理'이자 내가 서면 잘 어울리는 '내 자리'다. 지금부터 내가 살아가면서 언제나 참고하며 정도正道로 걸어갈 수 있도록 이끌어주는 나만의 별자리를 발견하는 여정에 함께 해보자.

첫 번째 단계는 추상명사 목록에서 10개의 키워드를 선정하는 과정이다. 아래의 추상명사 목록은 『국어사전』에서 추출한 대표적인 키워드다. 물론 아래 목록에 들어 있는 추상명사가 모든 추상명사를 대표하지는 않는다. 혹시 아래 추상명사 이외에 다른 추상명사를 추가하고 싶다면 얼마든지 자율적 의사결정에 맡긴다. 그만큼 인간의 욕망을 대변하는 추상명사는 적절한 개념이 부족할 정도로 미완성이다. 다만 아래 표를 참고로 내 마음을 흔드는 별에 해당하는 추상 명사 10개를 우선 선정한다. 추상 명사 10개는 해당 단어를 보는 순간 직감적으로 느낌이 올 때 바로 결정한다. 오래 고민할수록 내 안의 욕망을 적절히 표현하는 단어가 선정되지 않는다. 핵심가치 관련 키워드를 선정하는 과정은 머리로 생각하면서 논리적으로 조사하고 분석해서 결정하는 합리적인 판단과정이 아니다. 오히려 핵심가치 관련 키워드를 선정하는 과정은 가슴으로 느낌이 올 때 직관적으로 판단해서 결정하는 과정이다. 한 마디로 핵심가치는 머리가 아니라 가슴이 말하는 단어들이다.

인내	몰입	호기심	사랑	재미	신중함	개선
몰입	행운	완벽	지능	최고 지향	열정	감성
젊음	고객 중시	꿈	효율성	진정성	팀웍	목표
혁신	성취	책임	정직	경험	신뢰	주인정신
가능성	감각	마음의 평화	신뢰	지혜	다양성	지식
봉사	안전	속도	관용	재능	치유	미덕
믿음	융합	존중	학습	성장	긍정	변화
창의력	감사	자아실현	자존감	경제적 안정	소통	건강
가족	리더십	프로정신	도전	용기	행복	탁월성

〈표 3-1〉 핵심가치를 표현하는 추상명사 목록

두 번째 단계는 선정된 10개의 키워드를 〈표 3-2〉의 일련번호 순서대로 정의를 내리는 과정이다. 『국어사전』의 추상명사에 대한 정의를 읽고 감동한 사람이 없는 이유는 전문가가 논리적으로 정의했기 때문이다. 예를 들면 열정은 '목표를 향해 매진하는 집념'이라고 정의했다면 이런 정의를 읽고 그 누가 심장이 움직이고 감동할 수 있을까? 선정된 10개의 키워드를 나의 체험적 느낌으로 재정의한다. 체험적 깨달음을 토대로 개념을 재정의하지 않으면 남이 정의한 개념에 따라 세상을 바라보고 살아간다. 핵심가치를 중심으로 산다는 것은 나만의 생각과 가치판단 기준으로 세상을 살아가는 것이다. 개념을 재정의하는 것은 기존 개념에 나의 핵심가치를 반영하는 과정이다.

재정의하는 과정에는 철저하게 감성적 느낌을 반영해야 한다. 느

5대 핵심가치 키워드별 상징단어 찾기

번호	키워드	정의	비고
1			
2			
3			
4			
5			

〈표 3-2〉 핵심가치 정의

낌이 논리적 앎으로 바뀌면서 분명한 이해는 되지만 가슴으로 와닿지 않는다. 예를 들면 열정은 내 삶을 뜨겁게 달구는 용광로라고 상징이나 메타포를 써서 정의해도 좋다. 아무튼 10개의 키워드에 여러분의 체험적 느낌이나 실제 삶을 통해서 깨달은 교훈을 반영해서 재정의한다.

　세 번째 단계는 선정된 10개의 핵심가치 예비 후보들의 정의를 꼼꼼하게 읽어보면서 어떤 정의가 마음에 더 설득력 있게 와 닿는지를 생각해본다. 다음 단계는 10개 키워드 중에서 다시 다섯 가지의 키워드로 줄이는 과정이다. 우선 10개 중에서 다섯 가지의 키워드를 선정한 다음 선정된 다섯 가지의 키워드를 은유적으로 표현할 수 있는 상징 단어들을 열거한다. 예를 들면 도전이라는 핵심가치 키워드가 선정됐다면 넘어졌다가도 바로 일어서는 오뚝이, '탱크'라는 별명을 가진 산악인 엄홍길, 가파른 벽임에도 불굴의 의지로 기어오르는 담쟁이 등과 같은 단어를 〈표 3-3〉에 생각나는 대로 열거한다. 누가 봐도 쉽게 이해가 갈 수 있도록 상징단어를 일상의 언어로 표현하는 게 좋다. 상징 단어는 한 마디로 닮지 않는 것처럼 보이지만 조금만 생각하면 공통점이 많아서 누가 봐도 이해하기 쉽도록 촉진하는 매개체다.

5대 핵심가치 키워드별 상징단어 찾기

번호	키워드	상징단어들
1		
2		
3		
4		
5		

〈표 3-3〉 5대 핵심가치와 상징단어

네 번째 단계는 다섯 개의 키워드 중에서 다시 세 개의 키워드로 줄이면서 각각의 키워드에 내려진 정의를 다시 정의하는 과정이다. 세 가지 키워드에 대해 다시 정의 내리는 과정에는 바로 위 단계에서 해본 상징단어를 활용해 최대한 감성적으로 정의해보는 노력이 필요하다. 예를 들면 열정은 "추구해야 할 비전만 생각하면 내 마음을 뜨겁게 달구는 용광로"라고 정의해보면 열정은 곧 용광로가 연상된다. 최종적으로 결정된 세 개의 핵심가치 키워드와 정의를 참고로 한 문장으로 나를 브랜딩할 수 있도록 표현한다. "세상의 진심, 오세진, 커뮤니데아 마스터 코치"라고 표현하는 것이다. 오세진이라는 사람을 연상하면 사람들은 세상에서 가장 진심 어린 마음으로 사람을 대한다는 느낌을 받는다. 나아가 진심으로 소통하면서 내가 구축하고 싶은 포지션 타이틀은 '커뮤니데아 마스터 코치'이다. 이 말은 커뮤니케이션의 본질, 이데아를 찾아 세상에서 가장 나답게 소통하면서 더불어 행복한 소통 공동체를 구축하는 퍼스널 브랜드를 의미한다. 커뮤니데아 마스터 코치라는 퍼스널 브랜드는 세상의 그 누구와도 비교할 수 없는 나만의 브랜드다.

번호	키워드	정의	
1			
2			
3			
나의 브랜드 슬로건			

〈표 3-4〉 3대 핵심가치와 나의 브랜드 슬로건

B. 버킷리스트로 내 안의 욕망을 흔들어라[03]

영화 「버킷리스트-죽기 전에 꼭 하고 싶은 것들」를 보면 주인공 잭 니콜슨과 모건 프리먼의 연기가 잔잔한 여운을 남긴다. '우리가 인생에서 가장 많이 후회하는 것은 살면서 한 일들이 아니라 하지 않은 일들'이라는 영화 속 메시지가 가슴 깊이 와 닿았던 작품이다. 버킷리스트는 후회하지 않는 삶을 살다 가려는 목적으로 작성하는 것이고 죽기 전에 꼭 해야 할 일이나 하고 싶은 일들에 대한 리스트다. 버킷 리스트는 '죽다'라는 뜻으로 쓰이는 속어인 '킥 더 버킷kick the bucket'으로부터 유래됐다. 중세 시대에는 교수형을 집행하거나 자살을 할 때 올가미를 목에 두른 뒤 뒤집어놓은 양동이bucket에 올라간 다음 양동이를 걷어참으로써 목을 맸다. 이로부터 '킥 더 버킷 kick the bucket'이라는 말이 전해졌다. 핵심가치를 발견하는 두 번째는 해보고 싶은 일, 가지고 싶은 물건, 가보고 싶은 곳 등과 같이 죽기 전에 꼭 이루고 싶은 꿈의 목록을 적으면서 내면에 숨어 있던 바람들과 의욕을 깨우고 그 속에서 가치를 찾아내는 방법이다. 버킷리스트를 작성하면서 내가 진정으로 원하고 하고 싶은 것을 찾아 떠나는 여행을 통해 핵심가치를 발견하는 방법이다.

나는 5년 전에 셀프 리더십과 비전에 관한 2박 3일간의 강의를 들으면서 꿈의 목록을 재정리한 적이 있다. 초반에 머릿속에 떠오르는 것들을 30개 정도 적는 것은 어렵지 않았다. 그전에도 꿈의 목록을 적어보는 일들을 해온 덕분에 술술 써내려갈 수 있었다. 하지만 '100개를 어떻게 다 채우지?'라는 생각이 들 정도로 아무런 생각이 떠오르지 않았다. 그럴수록 더 깊이 생각하게 됐다. 그리고 무엇을 원하는지? 정말로 내가 해서 행복한 일이 무엇일지에 대한 마중물 같은 질문을 스스로에게 던졌다. '내가 정말 내 인생에서 중요하게 생각하는 것은 뭘까? 내가 하면 신나는 일, 내가 하지 않으면 왠지 몹시 불편할 것 같은 일은 무엇인가? 나는 이대로 살아도 괜찮은 걸까? 이러한 질문들을 통해서 더욱 나 자신과 마주할 수 있게 됐다.

지금까지 던지지 않았던 질문, 특히 나 자신과 대화할 수 있도록 유도하는 질문이나 한 번도 들어보지 못한 색다른 질문, 어제와 다른 물음표가 그 해답을 찾고 느낌표가 되는 순간 인생의 가치가 돋보이기 시작한다.

내가 원하고 또 실천해서 즐거운 일들과 꼭 가보고 싶었던 곳을 적다 보니 이미 다 이룬 것처럼 내 가슴은 뛰고 있었고 행복해졌다. 막연하게 생각했던 일들을 모두 이루고 싶다는 욕망이 생기며 모든 세포가 살아 숨 쉬는 것 같았다. 상상만으로도 이렇게 행복해질 수 있다는 것을 다시금 깨닫는 순간이다. 내가 적었던 꿈의 목록 중 많은 것을 현실로 만들었다. 물론 희망 사항에는 결국 이루지 못한 엉뚱한 욕망과 바람도 있다. 버킷리스트를 쓰면서 내가 진정 원하는 것이 무엇인지를 다시 생각하게 됐다. 이루고 싶은 꿈의 목록을 쓰고 간절히 갈구하다 보면 현실이 될 수 있으리라는 믿음이 생겼다. 믿음 덕분에 이루지 못한 일들에도 좌절하지 않았다. 나아가 단순히 머리로 이미지를 그리기만 한 것이 아니라 그것을 이루기 위해 포기하지 않고 작은 실천을 진지하게 반복해왔다. 버킷 리스트를 실천하기 위해 작은 걸음을 어제와 다르게 반복하면서 그전보다 마음 근육이 단단해졌고 이전의 경험을 통해 더 의미 있는 꿈을 갖게 됐다.

버킷 리스트를 쓰고 실천하면서 핵심가치를 발견하게 됐다. 예전에는 내가 진정 원하는 것이 무엇인지 몰랐다. 막연히 타인에 의한 삶을 살았고 내 안에 있는 가치는 발견하지 못했다. 나보다 가치 있어 보이는 사람들을 닮아가기 위해 노력했다. 나답게 사는 게 아니라 남들처럼 살기 위해 에너지를 낭비했다. 하지만 꿈의 목록을 적고 이것을 현실화할 방법에 대해 구체적으로 고민하고 실행하면서 이뤄낸 작은 성취감 덕분에 내 자존감을 키울 수 있었다. 이런 경험은 풍파에도 흔들림 없는 내 길을 갈 수 있게 해주었다. 천천히 적어 내려가면서 적었던 버킷리스트 중 해보고 싶은 일에서 우선순위에 드는 것은 암벽 등반, 정글탐험, 패러글라이딩, 수상스키 등과 같이 모험을 즐기는 것이다. 하고 싶은 목록을 쭉 적다 보니 대부분 불굴의 의지로 계속해서 도전해야 하는 일들이었다. 그 속에 숨어 있던 도전과 열정의 가치가 드러나게 됐다.

물론 다른 누군가가 본다면 허무맹랑함에 비웃을 수 있는 내용도 많다. 책을 쓴다는 것도 내가 해보고 싶은 일 중 하나였고 밴드에서 노래를 부르는 것도 원하는 일 중 하나였다. 타인의 시선을 신경 쓰지 않고 오로지 나와의 대화를 통해 내가 원하는 꿈의 목록을 작성해보는 것이 가장 중요하다. 타인에게 보여주기 위한 꿈이 아니라 내가 간절히 원하는 꿈의 목록을 적는 과정을 부끄러워할 필요가 없다.

어떤 꿈이라도 비현실적이라고 생각할 필요는 없다. 버킷리스트를 통해 꿈을 좇아가는 과정은 내가 나답게 살아가기 위한 가장 기본적인 걸음이다. 생각의 제약이나 장애물을 겁내지 말고 가슴을 뛰게 하는 버킷리스트를 적어보자. 그렇게 하면 꿈들이 자연스럽게 겉으로 드러나 현실로 다가올 것이다.

태국에는 500년이 넘은 흙으로 된 불상이 있다. 너무 대강 만든 불상이라 그다지 주목받지 못했다. 심한 가뭄에 흙에 금이 가기 시작했다. 틈새 사이에 무언가 다른 것이 있음이 발견했다. 겉의 흙을 제거해보니 그 안에는 금으로 된 불상이 있었다. 마찬가지로 핵심가치를 둘러싸고 있는 가면을 쓰고 평생을 살아가는 경우가 많다. 내면에 저마다의 색깔로 빛나는 황금 불상이 있음에도 스스로의 가치를 깨닫지 못하고 살아가는 것은 아닐까? 나답게 살지 않고 남들처럼 살려고 소중한 시간을 허비하거나 낭비하고 있지는 않은지 진지하게 스스로에 물어볼 시간이다. 앞에서 말했듯 핵심가치는 없는 것을 찾아내는 것이 아니라 내면에 잠자는 것을 깨우고 발견하는 과정이다. 자신의 꿈의 목록을 통해 내 안에 잠자는 욕망을 흔들어 깨우며 핵심가치를 찾는 과정에 동행해보지 않겠는가?

첫 번째 단계는 세 가지 질문을 던지면서 각각의 질문에 대해서 10가지 이상을 적어보는 것이다.

하고 싶은 일Do
나는 어떤 일을 하고 있을 때 살아 있음을 느끼는가?
무엇을 하면 진짜 행복할 것 같은가? 구체적으로 쓰자.

가고 싶은 곳Go
나는 어떤 공간에 있을 때 살아 있다고 느끼는가?
왠지 가보고 싶고 끌리는 장소가 어디인가? 구체적으로 묘사해보자.

가지고 싶은 것Have

나는 어떤 것을 가졌을 때 기쁨을 느끼는가?

지금까지 받은 선물 중 마음에 드는 것은 무엇인가?

무엇을 소유했을 때 기쁨을 느꼈는가?

이 질문에 대한 답을 구체적으로 묘사해서 적어본다. 상세하게 생각하고 세밀하게 대답하는 것이 핵심가치를 발견하기 위한 준비 과정이다. 이렇게 해서 나의 꿈 목록 30개를 완성한다. 두 번째 단계는 30개 꿈의 목록에서 정말 해보고 싶고 가고 싶으며 갖고 싶은 10가지를 걸러내는 과정이다. 정제 작업을 토대로 진정한 나의 버킷리스트 열 가지를 찾을 수 있다. 정제 작업 시에는 몇 가지 기준이 필요하다. 언뜻 꿈처럼 보이고 이루고 싶다고 착각할 수 있으나 실제로는 모방성이 강한 가짜 욕망인 '유사욕망'을 걸러내야 한다.

유사욕망은 나의 욕망이 아니라 남의 욕망이 내 안에 들어와서 나의 욕망인 것처럼 가장하는 욕망이다. 철학자 자크 라캉이 말했듯 우리는 타자의 욕망을 욕망하면서 산다. 그리고 그 꿈을 이루기 위해 감당해야 할 몫은 모른 척하고 단순히 주어질 혜택에 대한 꿈만 꾸는 데서 기인한 '단순 동경'을 걸러내는 것도 중요하다. 단순 동경은 본래 하고 싶어서 뭔가를 꿈꾸는 것이 아니다. 남의 떡이 맛있어 보이듯 남의 꿈이 마치 나의 꿈인 것처럼 생각돼 잠시 그 꿈에 빠져드는 상황에 해당된다. 유사욕망과 단순 동경에 해당하는 꿈의 목록을 추구하다 보면 결국 나의 인생을 사는 게 아니라 남의 욕망을 단순 동경하면서 살아가게 된다. 시간이 지날수록 나는 없고 남들처럼 살아가는 불행한 삶이 반복된다.

예를 들면 내가 기타를 배우고 싶어 했던 꿈이 '유사욕망'이다. 영화 「비긴 어게인」을 보고 난 후 기타를 연주하며 나지막이 노래하는 여주인공 키이라 나이틀리의 모습을 보고 같은 여자가 봐도 참 멋있다는 생각이 들었다. 나도 기타를 연주해보고 싶다는 욕망이 생겼다. 그 길로 바로 기타를 사고 실용음악 학원에 등록했다. 하지만 이런저런 이유로 연습을 게을리했다. 더군다나 코드를 외우는 데도 별로 관심이 생기지 않았다. 불과 두 달 만에 그만두게 됐다. 지속해서 흥미와 욕구가 불타오르는 것도 아니고 단순히 누군가의 모습을 보고 그 모습에 매료돼 무작정 시작한 유사욕망임이 밝혀졌다. 영화가 가져다주는 이미지의 모습을 보고 '아, 나도 저렇게 하면 멋있어 보이겠지?'라는 생각이 든 가짜 욕망에 불과했다. 일명 환상이나 허상을 보고 몽상을 꾼 경우이다. 우리는 진정한 꿈이 무엇인지를 알아야 제대로 꿈을 꿀 수 있다. 꿈 깨야 꿈을 꿀 수 있다는 말이 새삼 떠오른다.

'단순 동경'도 역시 가짜욕망 중 하나다. 예를 들어 막연히 스포트라이트를 받는 스포츠 선수들의 모습을 동경하며 시작하는 경우다. 대표적인 스포츠 스타 김연아 선수는 현역시절 타의 추종을 불허하는 무결점의 연기로 세계정상에 우뚝 서며 올림픽에서 금메달을 땄다. 그 후 피겨스케이팅을 배우고자 하는 어린 학생들이 폭발적으로 증가했다. 김연아 선수는 무결점의 연기를 소화하기 위해 차가운 얼음 위에서 수천 번을 넘어지는 고통을 견뎌냈다. 사람들은 그 시간은 알지 못하고 빙판 위에서의 멋진 모습만 동경하고 스케이트를 배우기 시작한 경우가 많다. 막연한 동경으로 피겨스케이트를 시작한 학생들은 훈련의 강도를 견디지 못하고 오래지 않아 포기했다. 꿈이 단순 동경이 아니라 정말로 본인이 간절히 원하는 꿈이었다면 어떤 어려움에도 불구하고 묵묵히 견뎌냈을 것이다.

본인이 적은 꿈의 목록 30가지를 얼마나 오래 간직할 수 있는지, 누군가를 단순히 동경하는 마음은 아닌지, 꿈이라 착각하고 있는 것은 아닌지 정제작업을 거쳐야 한다. 정제 작업을 통해서 30개의 꿈을 10개로 정리한다. 이제 열 가지로 압축 정리된 버킷리스트를 들여다보면서 내 안에 흐르는 욕망의 물줄기를 발견하는 과정을 거친다. 바로 이런 과정이 나만의 핵심가치로 재해석하는 과정이다. 그렇다면 열 가지 버킷리스트를 보고 어떻게 나만의 핵심가치를 찾아낼 수 있을까?

세 번째 방법은 〈표 3-5〉처럼 10개로 압축된 버킷리스트에 담긴 내 안의 욕망을 다시 한 번 살펴보며 욕망에 담긴 핵심가치를 몇 가지 키워드로 정리하는 과정이다. 예를 들면 나의 꿈의 목록 중 하나인 오지탐험이라는 욕망을 통해 도전이라는 키워드를 찾을 수 있다. 오지 탐험은 자신의 한계를 시험하며 남들과 다른 행보를 통해 새로운 깨달음을 얻고자 하는 내 도전 의지의 표현이자 내가 보여주고 싶은 열정의 발로다. 나는 도전과 열정이라는 나만의 핵심가치를 실천하고 지켜가며 삶의 보람을 찾는다. 여러분도 자신만의 꿈의 목록

30개의 꿈 목록	나의 버킷리스트
마음을 열고 욕망이 흐르게하라	나를 살아있게 하는 욕망
어떠한 장애물이나 실패에 대해서 생각하지 않고 쓴 순수한 나의 욕망	1. 2. 3. 4. 5. 6. 7. 8. 9. 10.
하고 싶은 일Do : 가지고 싶은 것Have : 가고 싶은 곳Go :	

1. 지속성: 일생을 두고 품을 만한 것인가?
2. 독립성: 어느 한 사람의 영향을 받은 욕망은 아닌가?
3. 진실성: 단지 누리게 될 혜택만을 보고 있지는 않은가?
4. 중독성: 부족하기 때문에 원하는 것은 아닌가?

〈표 3-5〉 버킷리스트에서 핵심가치 찾는 방법

을 작성하고 간절히 바라고 실천하며 아름다운 삶을 만들어가기를 바란다.

꿈은 책상에 앉아서 머리로 꾼다면 절대로 현실로 다가오지 않는다. 버킷 리스트를 쓴다고 쓴 대로 다 이루어지지 않는다. 버킷 리스트대로 실천되지 않거나 실천하는 과정에서 심한 좌절감을 맛볼 수도 있다. 오히려 우리가 살아가는 삶은 계획대로 이루어지지 않는 경우가 더 많다. 삶이 계획대로 안 되거나 생각지도 못한 일이 발생한다고 무의미하거나 가치가 없다고 생각하면 안 된다.

오히려 계획대로 안 될 때나 생각지도 못한 일이 발생할 때 더욱

값진 삶의 교훈을 얻을 수 있다. 실패 속에서 새로운 실력을 쌓아나가는 사람이야말로 진정한 실력자가 된다. 버킷 리스트를 실천하면서 겪는 다양한 성공과 실패 경험을 나의 실력으로 자산화시키는 사람이야말로 핵심가치 중심으로 자기다운 삶을 개척하는 사람이다. 그 사람의 삶이 바로 그 사람의 역사다.

C. 소통 스타일 진단으로 나만의 컬러를 찾아라[04]

2014년에 음양오행을 기반으로 오행별 기질적 특성과 소통의 방법을 다룬 책 『커뮤니데아』를 출간했다. 기법을 지나치게 강조하는 소통 방식에 문제를 제기하고 소통의 근본과 기본을 찾고자 했다. 5,000년 동양의 사유체계가 담긴 음양오행을 소통과 접목한 우리나라 최초의 커뮤니케이션 관련 책이다. 커뮤니데아에는 음양오행 유형별 소통 스타일과 관련 핵심가치를 소통에 비추어 논의하고 있다.

우주의 오성인 목화토금수가 끊임없는 상승과 하강을 반복하고 상생과 상극의 기운을 만들어낸다. 상생과 상극의 기운이 사계절을 만든다. 우주와 자연의 기운을 받고 태어나는 인간 역시 태어나는 순간 오장육부에 오행의 기운이 각인된다. 어떠한 기운이 각인됐는지에 따라 기질적 특징과 추구하는 가치가 다르다. 내가 추구하는 가치와 기운이 일치하게 되면 더 많은 시너지가 난다. 커뮤니데아는 음양오행의 기운에 따라 커뮤니케이션 스타일도 다르다는 점이 핵심이다. 음양오행의 기질적 특성을 나타내는 키워드를 중심으로 내가 오행 중에서 어떤 스타일인지를 알아볼 수 있는 진단을 개발했다. 진단결과에 따라 각각의 스타일에 적합한 핵심가치 관련 키워드를 연결시켜 생각해보면 비로소 음양오행이 알려주는 나만의 핵심가치를 발견할 수 있다.

『동의보감』에 통즉불통通卽不痛 불통즉통不通卽痛이라는 말이 있다. 통하면 아프지 않고 통하지 않으면 고통이 따른다는 말이다. 내 기운을 가장 잘 나타내는 가치를 선정하고 그 가치에 따라 생각하고 판단하고 행동할 때 가장 나답게 행복한 인생을 살 수 있다. 핵심가치를 선정하는 방법은 진단을 활용해서 오행의 기질적 특징을 파악하는 것을 우선으로 한다. 물론 타고난 원래의 유형을 파악하기에는 어려움이 따르기 때문에 이 책에서는 여러분의 페르소나(외적인격), 즉 현재 사용하는 행동방식, 말하는 성향, 생각하는 유형을 나타내는 사회적 가면을 중심으로 진단해본다. 음양오행이 반영된 커뮤니케이션 스타일 진단을 통해서 나의 핵심가치를 찾는 첫 번째 단계는 다음의 진단을 활용해서 나의 소통 스타일을 진단해보는 것이다. 총 60문항으로 구성된 진단을 통해 내가 사용하는 페르소나는 어떠한 유형인지 알아보자.

오행별 스타일 진단지

진단요령

1. 오행별로 12가지 문항으로 총 60문항으로 구성된 진단에 ①번 항목부터 ⑫번 항목까지 차례로 읽어보면서 (   )에 (○, △, X)로 표기한다(95퍼센트 이상 확실할 경우 ○, 80퍼센트 이상인 경우 △, 보통 이하면 X로 표기).

2. 총 60문항에 대한 체크가 끝난 후 (   )안에 (○, △, X)로 표시된 것이 몇 개인지 세어본다.

3. (○, △)를 합한 숫자가 24개 이상 나왔다면 진단의 정확도를 위해 (○, △)의 합계를 24개 이하로 줄인다.

4. ○=2점, △=1점으로 계산하여 A부터 E까지 항목별 점수를 합산한다.

5. A부터 E까지 합계가 가장 많이 나온 칸에 해당하는 스타일이 나의 커뮤니케이션 스타일이다.

A 타입

① 실패해도 절대 포기하지 않고 끊임없이 도전한다. (   )

② 우울한 일이 있어도 봄날의 화창한 때나 즐거운 일을 생각하며 금세 털어낸다. (   )

③ 재미와 즐거움을 추구하며 허심탄회하게 이야기하는 것을 좋아한다. (   )

④화가 나면 소리를 지르기보다 말로 자신의 기분 상태를 표현하는 편이다. ( )

⑤불가능하다거나 힘들 거라는 말을 들으면 오히려 도전하고 싶은 의욕이 생긴다. ( )

⑥시련과 역경을 견뎌내는 남다른 내공을 가지고 있다고 생각한다. ( )

⑦불확실한 상황에 임기응변적으로 대처하는 능력이 있다고 생각한다. ( )

⑧도전에 실패해도 다시 시작하면 된다고 생각한다. 도전적이라는 말을 듣는 편이다. ( )

⑨매사를 긍정적으로 생각하며 새로운 변화를 창조하는 스타일이다. ( )

⑩종종 대책 없이 미지의 세계에 과감하게 도전하는 편이다. ( )

⑪가슴 뛰는 비전을 품고 인생을 뜨겁게 솟아오르려는 용수철 같은 삶을 살아간다. ( )

⑫돈을 모으기보다는 자신의 꿈이나 외모에 투자하는 스타일이다. ( )

A : 총 (○ 개수 X 2) + (△ 개수 X 1) = (점)

B 타입

①내가 좋아하고 끌리는 일에는 앞뒤 안 가리고 열정적으로 몰입한다. ( )

②주어진 목표를 향해 장애물이 있어도 개의치 않고 매진한다.
( )

③모임이나 어떤 자리에 가서 주목을 받으며 이름을 남기는 일을
하고 싶다. ( )

④불같이 화를 내서 주위 사람을 놀라게 하는 경우도 있지만 뒤끝
은 전혀 없다. ( )

⑤목표달성이나 문제 해결에 대한 불굴의 의지가 넘친다. ( )

⑥쉽게 포기하거나 지치지 않고 하나를 하더라도 오랫동안 열정
을 가지고 매진한다. ( )

⑦열정과 냉정을 오가는 감정 조절능력이 뛰어나다고 생각한다.
( )

⑧냉정에서 열정, 또는 열정에서 냉정으로 복귀하는 회복탄력성
이 뛰어나다. ( )

⑨매사에 적극적이며 변화를 추진할 때마다 앞장서서 주도하는
스타일이다. ( )

⑩주체할 수 없는 에너지를 가지고 어디서든 앞에서 이끌어가는
보스 같은 스타일이다. ( )

⑪이른바 돌직구를 날리며 단도직입적으로 표현하는 직접적인
소통을 즐긴다. ( )

⑫항상 중심이 되고 싶어 하고 리더십도 있는 카리스마 스타일이
다. ( )

B : 총 (○ 개수 X 2) + (△ 개수 X 1) = (점)

C 타입

① 매사에 지극한 진정성으로 임하려고 노력한다. (　)

② 극단에 치우지지 않고 중용의 미덕을 지키기 위해 노력한다. (　)

③ 모두가 행복할 수 있는 길을 찾는 정의의 사도와 같은 삶을 사는 사람이다. (　)

④ 화가 나는 상황에서 한 번 더 생각하고 감정을 조절하며 이야기하는 편이다. (　)

⑤ 딜레마 상황에서도 흔들리지 않는 진심을 유지한다. (　)

⑥ 흔들림 없이 가급적 다양한 사람의 이야기를 들어보려고 노력한다. (　)

⑦ 진심을 흔드는 상황 속에도 의연하게 대처하는 능력을 갖추고 있다. (　)

⑧ 절망적인 상황에서도 다시 마음을 다잡고 원상태로 복귀하려는 노력을 기울인다. (　)

⑨ 중립적인 입장에서 상황을 판단하며 변화를 조절하는 스타일이다. (　)

⑩ 균형 잡힌 시각으로 갈등하는 이견을 조율하는 간디 같은 중재자다. (　)

⑪ 자기만의 중심을 잡고 남의 의견에 휩쓸리지 않는다. (　)

⑫ 심사숙고하며 함부로 말하지 않는 외유내강형 스타일이다.
(　)

C : 총 (○ 개수 X 2) + (△ 개수 X 1) = (　점)

D 타입

① 한 번 받은 은혜는 절대 잊지 않고 갚으려고 노력한다. ( )

② 가급적 객관적인 입장에서 논리적으로 판단하고 합리적으로 생각하려고 한다. ( )

③ 나이에 비해 속이 깊고 철든 사람이라는 말을 자주 듣는다. ( )

④ 화가 나도 쉽게 표현하지 않고 속으로 삭이며 감정을 통제하고 조절하는 편이다. ( )

⑤ 신중하고 차분한 성격이라 한마디 말하기 전에 서너 번 생각한다. ( )

⑥ 주로 내 이야기를 주장하기보다 남의 말을 듣고 판단하는 성향이 강하다. ( )

⑦ 누구에게나 항상 감사하다는 말을 자주 하는 편이다. ( )

⑧ 실패나 좌절한 상황에서도 덕분에 잘됐다고 생각하는 경우가 많다. ( )

⑨ 모든 변화를 냉철하고 이성적으로 판단하며 꼼꼼히 따져보는 변화 신중형이다. ( )

⑩ 정해진 틀 안에서 기존 규칙을 철저히 따르려는 편이다. ( )

⑪ 스스로 감정을 억압하면서 심한 스트레스에 시달리는 경우도 있다. ( )

⑫ 사사건건 감정적으로 대응하지 않고 치밀하게 따져보고 고민하는 스타일이다. ( )

D : 총 (○ 개수 X 2) + (△ 개수 X 1) = (점)

E 타입

① 네가 좋으면 나도 좋다고 생각하며 상대를 감싸 안아준다. ( )

② 내 이야기를 하기보다 남의 이야기를 들어주고 맞장구쳐주는 측면이 강하다. ( )

③ 상처받은 사람들을 위로해주고 치유해주려고 하는 편이다. ( )

④ 화가 나는 상황에서도 남 탓을 하지 않고 속으로 아파하는 편이다. ( )

⑤ 최악의 상황에서도 타인을 탓하기보다 오히려 타인의 아픔을 감싸 안으려고 한다. ( )

⑥ 피곤하고 불편한 상황에서도 치유 의지를 지속적으로 유지하는 능력이 있다. ( )

⑦ 내 생각과 달라도 상대방을 존중하고 나보다는 상대를 먼저 배려하는 편이다. ( )

⑧ 정신적 긴장상황에서 집중력을 회복할 수 있는 능력이 뛰어나다. ( )

⑨ 모든 변화를 타인의 입장에서 생각하고 받아들이려는 변화수용형이다. ( )

⑩ 힘들어도 밖으로 표현하지 않고 혼자서 눈물을 흘리는 어머니 같다는 말을 듣는다. ( )

⑪ 세상의 아픔을 다 받아주다 보니 주변에서 어려운 일만 있으면 연락한다. ( )

⑫ 때로는 자기 밥그릇까지 다 내줄 정도로 호인이라는 말을 듣는

다. (   )

E : 총 (○ 개수 X 2) + (△ 개수 X 1) = (점)

나의 오행 스타일 판단 요령

A~E의 합계 중 점수가 가장 높은 타입이 나의 커뮤니케이션 스타일이다. A~E 중 2가지 타입에서 모두 다섯 가지 이상 체크된 두 가지 유형 모두에 해당한다.

A목: 도전   B화: 열정   C토: 진정성   D금: 감사   E수: 치유

목木: 철없는 아들의 무한도전
화火: 엄한 아버지의 불같은 열정
토土: 중립적인 중재자의 따뜻한 진정성
금金: 철든 딸의 겸손한 감사
수水: 어진 어머니의 끝없는 치유

커뮤니케이션 스타일 진단을 통해서 나의 핵심가치를 찾는 두 번째 단계는 목, 화, 토, 금, 수의 이미지를 나타내고 있는 추상명사 목록을 찾는 과정이다.

진단결과 나의 오행 스타일로 판정된 목화토금수 중에서 하나의 기질적 특성을 〈표 3-7〉에서 선정한다. 예를 들면 나는 페르소나를 진단할 때 목형과 토형이 동점으로 높게 나온다. 〈표 3-7〉에 있는

음양오행 관련 키워드 목록에서 목에 해당하는 단어 중 '생동감 있는' '활기 넘치는' '긍정적인' '희망찬' '목표지향적인'이라는 단어가 마음을 뛰게 한다. 토의 단어 중에서는 '지혜로운' '솔직담백한' '반듯한' '공손한' '정의로운' 등의 단어에 눈길이 멈춘다. '활기 넘치는' '목표지향적인' 안에 숨어 있는 도전이라는 키워드와 '공손한' '솔직담백한' '지혜로운'이라는 단어에서 타인에 대해 '덕분에' 잘됐다고 표현하는 감사함과 진정성이라는 가치를 찾아낼 수 있다. 언제나 나는 소개할 때 "'세상의 진심' 오세진입니다. 도전과 열정을 사랑하고 언제나 감사한 마음으로 세상의 상처를 치유하는 것이 제 사명이라 여기며 열심히 살고 있습니다."라고 이야기한다. 이 인사말 안에 내가 추구하는 핵심가치가 담겨 있다.

커뮤니케이션 스타일 진단을 통해서 나의 핵심가치를 찾았으면 이제 마지막으로 해야 하는 작업은 다섯 가지 키워드를 연결해 나의 브랜드 가치를 가장 잘 표현할 수 있는 한 문장을 만드는 일이다. 다섯 가지 키워드와 관련된 상징어나 나를 가장 잘 표현하는 형용사 목록을 떠올리면서 누군가에게 나를 소개할 때 강렬한 인상을 주려면 어떻게 브랜딩할 수 있는지를 생각해보자. 예를 들면 화의 기질적 속성을 가진 것으로 판정된 사람의 경우, 열정과 관련된 상징어나 형용사를 조합해 "지치지 않는 '열정의 화신 김수철'입니다."라고 표현하면 사람들이 김수철이라는 사람을 떠올릴 때마다 열정의 이미지를 연상하고 언제나 뜨거운 열정으로 세상을 살아가는 화형 기질의 사람으로 기억한다.

오행별 이미지 사전

木	火	土	金	水
활기 넘치는	리더십 있는	부지런한	꼼꼼한	협동적인
목표 지향적인	책임감 있는	조용한 카리스마	논리적인	여유 있는
햇살처럼 밝은	힘이 불끈불끈	솔직담백한	완벽한	인정이 많은
마음을 사로잡는	화끈한	공정한	법 없어도 사는	이해심 많은
명랑한	자신감 있는	객관적인	소신 있는	자상한
순발력 있는	목표 지향적인	지혜로운	겸손한	깨끗한
매력적인	정열적인	탁월한	정확한	순수한
나건적인	독립적인	삶의 균형이론	강인함	낭만적인
생동감 있는	신속한	정의로운	전문적인	평화스러운
창의적인	결단력 있는	단결하는	검소한	우호적인
생명력 있는	주도적인	탐구적인	의리 있는	포근한
쾌할한	적극적인	근면한	분석적인	조화로운
친화력이 좋은	포스 있는	분별력 있는	소박한	생각이 깨어 있는
재치 있는	천하무적인	깔끔한	의지적인	자비로운
민첩한	용기 있는	입이 무거운	신중한	욕심이 없는
호기심 많은	열정적인	시간 관념이 뚜렷한	사려 깊은	고요한
유머러스한	미래지향적인	반듯한	주도면밀한	마음이 넓은
활기찬	추진력있는	소탈한	절제된	남을 잘 돌보는
긍정적인	대담한	융통성 있는	집중력이 높은	나눌 줄 아는
희망찬	압도적인	침착한	새침한	다정한
매력적인	기운찬	공손한	모범적인	친숙한
호감이 가는	에너지 넘치는	유능한	믿을 수 있는	헌신적인

〈표 3-7〉 음양오행 관련 키워드 목록

D. 닮고 싶은 사람에게 끊임없이 배워라[05]

"우리는 '그들' 없이는 어디에도 갈 수 없고 어디에도 도달할 수 없다."

미국의 시인 메리 올리버의 말이다. '그들'이라는 단어를 보고 어떤 사람이 떠오르는가? 그들은 지금의 내가 무언가가 되기까지 묵묵히 옆에서 힘을 실어준 사람일 수도 있고 망망대해를 헤맬 때 북극성처럼 방향을 잡아준 사람일 수도 있다. 나의 부족함을 코치해주고 새로운 가능성을 발견하는 과정을 조력해준 사람이다. 그들은 부모, 형제, 스승, 동료, 친구, 연인 등 사람이 맺고 있는 인간관계 안에서 성장하고 발전하는 과정에 직간접적인 영향을 미친 누구나 될 수있다. 사람은 다양한 관계 속에서 '그들'과 영향을 주고받으며 산다. 핵심가치를 발견하는 네 번째 방법은 지금까지 맺어온 인간관계에서 닮고 싶거나 존경하는 인물을 생각하면서 핵심가치를 발견하는 방법이다.

인간관계를 살펴보면 긍정적인 에너지의 교환이 이뤄져 같이 있으면 행복해지는 사람들이 있다. 상대로 하여금 내가 전보다 더 나은 사람이 될 수 있도록 서로에게 긍정적인 영향을 주는 관계다. 이심전심으로 통하며 인식과 관심이 비슷한 사람들과의 만남은 엄청난 시너지를 가져온다. 서로에게 마중물 같은 질문을 받으면 본인도 몰랐던 잠재 능력을 발견하기도 한다. 반면에 만나면 의욕이 상실되고 집으로 돌아오면 극도의 피곤함이 밀려오는 관계도 있다. 이러한 관계에서 서로에게 마이너스가 된다고 생각하며 멀리하려는 경향이 있다. 이런 관계는 무조건 옳지 않으니 되도록 관계 맺기를 피하라는 이야기를 하려는 것이 아니다. 두 사람이 생각하는 가치관의 차이에서 오는 다름을 존중하고 배려하는 가운데 소통하게 되면 더욱더 긍정적인 관계로 발전할 수도 있다는 이야기를 하고 싶다.

각자가 살아온 환경이 다르고 체험적 깨달음이 다르기에 사람마다 중요하게 생각하는 가치관에 차이가 존재하는 것은 어찌 보면 당연하다. 저렇게 하면 안 되겠다는 역설적 깨달음이나 교훈을 얻는다는 뜻을 지닌 반면교사反面教師라는 말이 있다. 인식과 관심이 다를 뿐만 아니라 가치관도 다른 사람들을 배척할 것이 아니라 다름과 차이 속에서도 많은 교훈을 얻을 수 있다고 생각하면 참으로 배울 점이 많다. 모든 사람을 스승이라 생각하는 자세로 타인과 관계를 맺으며 더불어 성장할 수 있는 발판을 마련하자. 공자의 말씀 중에 '삼인행三人行 필유아사必有我師'라는 말이 있다. 세 사람이 걸어가면 반드시 그중에 나의 스승이 있다'는 말이다. 어떤 사람과 함께 있느냐에 따라 놀라운 시너지를 낼 수도 있고 본인 능력의 200%를 발휘하는 잠재력을 끌어낼 수 있다. 그래서 어떤 만남은 운명이다.

등대 같은 존재는 한 번도 만나보지 못한 위인이 될 수도 있고 가까운 선배나 동료가 될 수도 있다. 아직 한 번도 읽어보지 못한 책이 그 역할을 대신 하기도 한다. 삶에 있어서 나와 관계를 맺고 있는 다양한 사람에 대해 깊이 생각하다 보면 내가 타인과 어떠한 방식으로 관계를 맺고 유지하며 영향을 받고 있는지를 들여다보게 된다. 나에게 따뜻한 관심과 애정으로 마중물을 부어주는 사람, 자신이 존경하며 따르고 싶거나 닮고 싶은 스승, 롤 모델 혹은 함께 있으면 어쩐지 불편하고 잘 맞지 않는다고 생각이 들거나 멀리하고 싶은 누군가와의 관계를 내밀하게 관찰하면 자신이 추구하는 핵심가치가 드러날 수 있다.

자신의 얼굴을 거울에 비추어보듯이 가까이 지내는 사람에게 나를 비추어보면 내가 추구하는 핵심가치가 보인다. 누구에게나 마음속에 존경하는 인물이나 닮고 싶은 사람이 있다. 한 명일 수도 있고 아니면 다수의 롤 모델이 있을 수도 있다. 나는 나를 이끌어주는 책과 롤모델을 통해 삶을 바라보는 안목을 키울 수 있었고 핵심가치를 발견하고 실행하며 삶의 많은 부분을 긍정적으로 바꿨다. '내 인생은 한 번뿐이지만 스승(핵심가치)은 내 인생을 여러 번 바꾸는 것 같다.'[06] 타인과의 관계 맺기를 통해 핵심가치를 발견하고 더불어서 함께 가치를 실현하는 사람들이 있기에 나는 정말 행복한 사람이다. 자신만의 도전 스토리를 가진 사람들과의 만남이 가장 설레고 행복하다. 내면에 언제나 도전과 열정이라는 키워드가 작동하기 때문이다. 뜨거운 열정을 서로 나누다 보면 꿈같던 일들이 어느새 현실로 가까이 와 있는 경험을 한다.

어떠한 관계를 맺든 서로에게 불순한 의도가 없어야 한다고 생각한다. 서로가 서로에게 다른 의도가 없이 오로지 진실한 마음을 나누는 관계가 중요하다. 이러한 관계가 서로 살리는 긍정적인 관계이기 때문이다. 이렇게 별다른 의도 없이 진실한 마음을 나눌 때 더불어 행복한 인생이 된다. 핵심가치를 발견하는 것이 결국에는 나답게 사는 것이고 나와 함께하는 사람들과의 동행을 의미한다.

삶 속에 녹아 있는 희로애락의 인간 군상을 표현하는 KBS1TV의 「인간극장」을 자주 본다. 그중 '굳세어라 보람아' 편의 내용이 기억에 남는다. 스물네 살의 보람 양은 대학에서 농업기술과 관련된 공부를 하고 부모님과 함께 고구마 농사를 짓고 있었다. 의젓하고 바람직한 생각을 하는 보람 양은 힘들어하는 기색 없이 농사일을 척척 해냈다. 어른을 대하는 태도나 생각도 따뜻하고 예뻤다. 이런 딸을 두고 아버지가 딸의 이야기를 하며 눈시울이 붉어지더니 끝내 눈물을 떨구며 말을 잇지 못하는 장면이 나왔다. VJ가 아버지에게 "딸은 당신에게 어떤 존재입니까?"라는 질문을 했다. 이 질문에 아버지는 "딸은 내 내장입니다. 장기가 하나라도 없으면 사람이 살지 못하는 것처럼 스물네 살인 내 딸은 나에게 아버지의 도리를 깨우치게 했고 술에 절어 있던 인생을 다시 돌아보게 해줬습니다."라는 말을 하며 눈물을 흘렸다. "딸이 곧 내 스승이자 장기다."라는 아버지의 말에 진심이 고스란히 담겨 있었다. 딸의 도전하고 성실한 모습에 무기력했던 자신을 돌아보며 반성하고 새 삶을 살게 됐다는 이야기다. 인생의 롤 모델이라 하여 그렇게 거창하고 멀리 있는 누군가를 생각하는 것이 아니다. 이처럼 가까이에서 영향을 주는 가족일 수도 있다.

내게 부모님을 제외하고 많은 영향을 준 사람이 있다. 나답게 살아가는 행복한 삶에 대해 더욱 치열하게 고민하는 계기를 마련해준 분은 바로 한양대 유영만 교수다. 많은 사람이 유영만 교수의 책으로 위로받고 새로운 희망을 품게 됐다는 이야기를 한다. 나도 그 중 한 사람이다. 유영만 교수는 늘 끊임없는 도전으로 '어제와 똑같은 오늘을 사는 이들에게 생각지도 못한 깨달음'을 준다. 메시지 하나하나가 가슴에 꽂히고 촌철살인의 지혜로 심금을 울린다. 어려운 이야기도 쉽게 풀어서 감동적인 깨달음을 주는 비결은 누구나 공감하는 쉬운 말로 전달하되 재미와 의미를 동시에 전해주기 때문이다. 교수님의 책과 강연을 통해 내적으로 성장하는 계기를 마련했다. 여러분에게도 이렇게 삶에 영향을 준 누군가가 있다. 지금부터 그런 인물을 통해 자신이 중요하게 생각하는 가치를 발견해보자.

첫 번째 단계는 롤 모델이나 닮고 싶은 인물을 떠올려보는 것이다. 삶에 긍정적인 영향을 주며 더 나은 사람이 될 수 있도록 방향을 잡아주고 영혼의 멘토 역할을 해주는 인물을 떠올린다. 역사 속 인물이나 아직 만나보지 못한 저자 혹은 지인이어도 좋고 정치인이나 유명인도 상관없다. 필기구와 종이를 준비하고 눈을 감고 생각한다. 눈을 감는 것은 다른 눈으로 보기 위함이다. 때로는 눈을 감고 가만히 심호흡하며 집중을 하면 그동안 눈에 보이지 않았던 새로운 것들이 보인다. 눈을 감고 봐야 자신의 내면을 들여다볼 수 있다. 삶에 긍정적인 에너지를 주는 '그들'의 이름을 다섯 명 정도 적어본다.

두 번째 단계는 종이에 적은 롤 모델을 선정한 이유에 대해서 생각해본다. 롤 모델의 어떤 부분을 특히 닮고 싶은 것인지, 왜 존경하는 마음이 생기게 됐는지 구체적인 이유를 적는 것이 좋다. 겉으로 드러나는 외형적인 모습에 이끌려 자신의 롤 모델로 선정하는 경우도 있지만 그보다는 그들이 몸소 보여줬던 삶의 행보에서 따르고 싶은 부분, 닮고 싶은 가치관, 그리고 본받을 부분에 관련된 내용을 되도록 자세하게 적는다. 이러한 과정을 통해 존경하는 인물과 자신이 추구하는 가치의 유사성을 발견해낼 수 있다. 예를 들어 어린 시절부터 유독 전자제품을 분해했다가 조립해서 새로운 것을 만들어내는 것을 좋아하는 사람이 있다. 아마 값비싼 전자제품을 망가뜨렸다가 부모님에게 혼이 나곤 했을 것이다. 그들은 창의성이 발달했고 새로운 전자기기에 관한 관심도 굉장히 높다. 그런 사람들에게 스티브 잡스는 경외의 존재고 닮고 싶은 인물이 된다. 롤 모델을 좋아하는 이유에 대해 〈표 3-8〉 '롤 모델에서 핵심가치 반추하기'에 정리해보자.

세 번째 단계는 두 번째 단계에서 적은 문장들을 다시 보면서 구체적인 이유를 키워드로 표현한다. 당신이 2번에서 적은 이유를 찬찬히 들여다보며 그 사람을 특징적으로 대변할 키워드로 요약해보는 것이다. 예를 들면 내가 유영만 교수님을 존경하는 이유에 대해서 '끊임없이 배움을 실천하고 책상지식이 아닌 체험적 지혜를 전해주며 따뜻한 마음으로 후학들에게 사랑을 전해준다'고 적었다. 끊임없이 배움을 실천하고 여전히 무언가를 체험하기 위해 시간을 투자한다는 대목에서 '도전'과 '열정'이라는 키워드를 뽑아낼 수 있다. 따뜻한 마음으로 후배와 제자들을 아낀다는 문장은 진정성과 참된 가르침이라는 단어로 압축할 수 있다.

네 번째 단계에서는 닮고 싶거나 존경하고 싶은 다섯 명을 압축하

이름	좋아하는 이유	압축하는 단어
EX) 유영만 교수님	끊임 없이 배움을 실천하고 책상지식이 아닌 체험적 지혜를 전해주며 따뜻한 마음으로 후학들에게 사랑을 전해준다.	도전, 열정
스티브 잡스	늘 현재보다 앞선 독특한 생각으로 사람들에게 이전에 보지 못한 것을 경험할 수 있는 기회를 마련해준다.	창의성

〈표 3-8〉롤 모델에서 핵심가치 반추하기

는 단어를 메모장이나 노트에 다 적어놓은 다음에 그중에서 자신을 가장 잘 표현해준다고 생각하는 단어를 다섯 개로 정리한다. 다섯 가지 단어가 내 삶을 빛나게 해줄 핵심가치다. 이러한 4단계의 과정을 통해 자신이 존경하고 닮고 싶어 하는 인물 안에 투영된 자신의 핵심가치를 발견할 수 있다. 꿈을 꾸는 사람은 언젠가 꿈을 꾸게 해준 사람처럼 변한다. 내가 닮고 싶거나 존경하고 싶은 사람이 평소 보여주는 마음씨와 행동을 본받고 실천하면서 그 사람의 이미지를 그리다 보면 어느새 나도 그 사람과 많이 닮게 된다. 사람만이 희망이라고 하지 않았는가? 한 사람의 삶이 또 다른 사람의 삶으로 전이되고 영향을 미치는 가운데 사람과 사람 사이에는 따뜻한 정이 흐르고 아름다운 삶으로 변화된다.

E. 오르락내리락하며 삶을 즐겨라[07]

멀리서 우뚝 솟은 산을 보면 오르막만 존재하는 것처럼 보인다. 실제로 등산을 하다 보면 정상으로 향하는 길에 끝없는 오르막만 있는 것이 아니다. 거친 숨을 잠시 고를 수 있도록 평지가 이어지기도 하고 기분 좋게 바람을 맞으며 땀을 식힐 수 있는 내리막 구간도 존재한다. 산맥에는 상승과 하강의 반복이 존재한다. 등산할 때 숨이 턱까지 찰 정도의 가파른 오르막과 잠시 쉬어가면서 체력을 비축할 수 있는 내리막을 반복하며 정상에 오른다. 그때의 기분은 두 발로 직접 산을 가본 사람이 아니고서야 말로 설명하기가 어려울 정도로 좋다. 한없이 오르기만 하는 산보다는 상승과 하강의 변화가 주기적으로 반복되는 산이 더 좋다. 내리막과 오르막의 반복이 꼭 우리네 삶의 모습인 것 같아 더욱 매력을 느낀다. 삶은 오르락樂내리락樂하는 한 곡의 음악이다. 흰 건반과 까만 건반이 절반의 조화를 맞추어 음악을 만들어내듯 오르락樂의 즐거움과 쾌감이 내리락樂의 좌절감과 절망이 교차하면서 한 사람의 삶이라는 완성곡을 만들어낸다.

상승과 하강의 흐름은 비단 산뿐만 아니라 우주 자연 여러 현상에서 찾아볼 수 있다. 하루에는 낮과 밤의 자연스러운 변화가 있다. 계절에는 상승하는 봄여름과 하강하는 가을겨울이 있다. 흐름을 확장해보면 우주 자연에서만 뿐만 아니라 인생에도 나타난다. 인간의 생명활동에도 신체, 감정, 지성 등에 나타나는 일정한 현상이 있다. 일명 생체리듬biological rhythm 혹은 바이오리듬이다. 바이오리듬에 따라 신체, 감정, 지성 등의 오 감각이 때에 맞추어 주기적으로 반복되며 나타난다. 『주역』에 보면 물극필반物極必反이라는 사자성어가 있다. 사물이나 사람이 극에 달하면 반드시 반전을 일으킨다는 말이다. 한없이 오르막만 오를 수 없고 한없이 내리막만 내려가지 않는다. 때가 되면 오르다가 내려가야 하고 내려가다 올라가는 시점이 온다. 사람은 인생에서 오르막 내리막을 번갈아 가며 본인만의 삶의 지도를 그린다.

고통 총량 불변의 법칙에 대해서 들어보았는가? 인생의 한 시기에 고통과 역경이 따른다고 가정하자. 힘들고 앞이 보이지 않는 막막함이 끊임없이 지속되는 내리막을 생각하는 것만으로도 가슴이 답답해진다. 하지만 계속되는 내리막은 없다. 어느덧 바닥에 닿게 되고 다시 상승하는 오르막이 눈앞에 펼쳐진다. 반대로 거듭되는 성공 가도의 오르막을 달리던 사람도 어느 시기에서는 절망을 맛보며 인생의 쓴맛을 경험한다. 하지만 인생의 내리막을 경험하고 부정적인 체험을 했다고 해서 그것이 삶에 있어 부정적인 영향을 미치는 것은 아니다. 오히려 삶을 대하는 태도를 보다 나은 쪽으로 변화시키며 성숙해질 수 있는 발판을 마련하기도 한다. 우리는 오르막과 내리막을 경험하며 그 속에서 체험적 지혜를 얻는다. 더불어 경험을 통해 내적 욕구와 자신이 생각하는 인생에서의 가치를 새롭게 발견한다.

한때 킬리만자로 등반을 버킷리스트로 삼은 적이 있었다. 산행을 통해 많은 것을 얻고 이루고 싶었다. 책에도 많은 이야기를 담고 싶었다. 이 책 역시 킬리만자로 산행 이후에 출간을 목표로 작업 중이었다. 하지만 예기치 못한 교통사고로 일정을 연기해야만 했다. 돌이켜보면 사고 경험은 내리막길로 치닫는 부정적 경험이었다. 금전적인 손해도 컸고 몸이 아파서 일에 집중할 수 없었다. 사고는 이미 벌어진 일이고 걱정한다고 해결될 문제도 아니었다. 하지만 사고로 인한 부정적인 경험이 모든 것에 절망과 좌절만 안겨주는 것은 아니다. 교통사고로 깨달은 점은 여러 가지가 있었지만 특히 건강의 소중함이었다. 체력의 중요성을 절실히 느끼며 "나는 건강하니까 괜찮아."라고 자만했던 지난날을 반성하는 계기가 됐다. 그전에는 몸을 살피는 일에 관심을 두지 않았다. 하지만 지금은 열심히 물리 치료를 받고 저녁마다 스트레칭과 코어 단련 운동을 통해 몸을 더 건강하게 가꾸기 위해 노력하고 있다.

사람은 예기치 못한 인생의 내리막 경험을 통해서 고통을 마주하기도 하고 힘든 상황에 직면하여 스트레스를 받는 경우도 있다. 고난의 시기에 핵심가치는 절치부심하며 더 높이 뛰어오르려는 퀀텀 점프의 계기를 마련한다. 고난의 시기가 있었기에 내면적으로 더 단단하게 자신의 강점을 발견할 수도 있다. 오르막 시기에서도 언젠가는 자연스럽게 내리막을 향할 것이라는 겸손한 자세가 필요하다. 오르막이든 내리막이든 진심으로 상대를 존중하고 배려한다면 저절로 자신의 가치를 드높이는 계기가 된다.

　지금부터는 자신의 인생을 되돌아보며 과거로 떠나는 여행을 할 것이다. 지금까지 중 가장 정상에 있었던 나를 찾기도 하고 힘들었던 내리막에 있는 자신과 마주할 수도 있다. 내리막 시기를 바라본다는 것은 자신의 아픈 과거를 들여다보는 과정이다. 나에게 아픈 상처를 준 사람들을 다시 만나는 시간이기도 하다. 그만큼 고통이 따를 수도 있다. 우리는 분명 그 경험을 통해서 더 성장했고 덕분에 깨달은 인생의 지혜가 있다. 셰익스피어는 "다쳐보지 않은 사람은 남의 흉터를 보고 웃는다"고 말했다. 타인의 아픔을 올바르게 이해하지 않은 상태에서 상대를 함부로 안다고 말하거나 이해했다고 생각하는 것은 섣부른 판단이다. 사람들은 타인을 보고 내 생각대로 판단하지 않는다. 한 사람은 그 사람이 살아오면서 겪은 수많은 삶의 역사적 축적물이기 때문이다.

　지금부터는 내 삶의 발자취에 대해 진지하고 솔직하게 고민해보는 시간을 가져본다. 살아온 시기마다 나를 성장시켜온 수많은 사건, 사고, 오르막과 내리막을 떠올리며 인생의 변곡점마다 나 자신이 고뇌하면서 느꼈던 삶의 교훈과 가치를 생각해보자. 산맥 타기는 강도의 차이는 있지만 오르막과 내리막을 경험해본 사람이면 자신 삶의 역사를 통해 무엇을 보고 느꼈는지를 반추해볼 방법이다. 기억 속에 있는 구체적인 경험을 떠올리며 자신이 무언가를 성취했거나 긍정적인 감정을 불러오는 오르막이 있었던 시기는 + 영역에, 무언가를 성취하지 못했거나 부정적인 감정으로 휩싸였던 내리막의 시기는 − 영역에 표시한다. 인생의 최고의 전성기는 +7점, 내 인생의 최악의 시기는 −7점으로 표시하면 된다. 무엇인가를 성취했을 때의 즐겁고 긍정적인 기분 상태와 절망하고 좌절했을 때의 감정에 따라 강도를 점으로 표시하고 하나의 선으로 연결하면 삶의 인생 곡선과 나만의 인생 산맥이 나타난다. 우선 조용히 침묵 속에서 나 자신과 대화할 수 있는 편안한 공간에 자리를 잡는다. 눈을 감고 심호흡을 하며 의식을 집중시키고 과거로의 여행을 시작한다.

첫 번째는 〈표 3-9〉처럼 아래와 같은 단계로 진행하면서 내 인생의 곡선을 그려보는 단계다.

1) 종이에 가로축과 세로축을 그린다. 세로축은 내 인생의 오르막과 내리막 속에 들어 있는 경험에 대한 평가 점수를 나타내고 가로축은 나이를 나타낸다.

2) 지금까지 살아오면서 체험했던 사건이나 사고든 긍정적인 성공체험과 부정적인 실패 체험을 각각 다섯 개씩 반추해서 적어본다.

3) 긍정적인 성공체험을 인생의 시기별로 〈표 3-9〉의 상단에 표시하되 그때 느꼈던 감정의 강도에 따라 0에서 +7까지 상대적으로 표기한다.

4) 부정적인 실패체험을 인생의 시기별로 〈표 3-9〉의 하단에 표

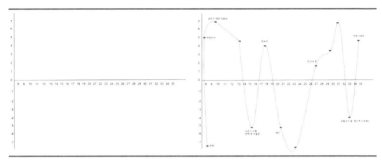

〈표 3-9〉 산맥 그리기

시하되 그때 느꼈던 감정의 강도에 따라 0에서 −7까지 상대적
으로 표기한다.

5) 상단과 하단의 각 점을 연결하여 내 인생의 곡선 여정을 완성해
본다.

두 번째 단계는 〈표 3-9〉처럼 오르막과 내리막 사건들을 나타내
는 점들을 연결해서 산맥을 그린 후 긍정적 경험과 부정적 경험 각
각 다섯 개를 쓴다. 인생의 시기별로 겪었던 경험을 기록하고 해당
경험에서 깨달은 삶의 교훈을 구체적으로 기술한다. 이어서 경험에
서 깨달은 인생 교훈을 표현할 수 있는 키워드를 도출한다.

예를 들어 중2 때 체험을 반추해보면 예민한 사춘기 시절의 전학
은 적응하기 어려운 사건 중 하나다. 나는 전학 간 학교에서 잘 적응
하지 못했다. 예전 친구들을 그리워하며 여러 날을 울었다. 전학 간
학교에 정 붙이기를 거부하며 원래 다니던 학교로 다시 전학을 보내
달라고 부모님께 떼를 쓰기도 했다. 그러다 보니 새로 간 학교에서

친구 사귀는 일이 더 어려워졌다. 부정적인 경험을 토대로 내가 느낀 점이 있다면 관계의 시작을 위해 먼저 적극적으로 다가가고 마음을 열지 않으면 안 된다는 것이다. 그때부터 나는 전학 간 학교 친구들에게 먼저 다가가며 마음을 표현했고 교우관계를 더욱 원활하게 맺게 됐다. 이러한 경험을 토대로 타인과의 관계 형성에서 마음을 여는 적극적 태도의 중요성을 깨달았다. 과거에 겪었던 하나의 체험에서 깨달은 교훈을 들여다보면 나의 핵심가치가 새롭게 부각된다.

세 번째 단계는 〈표 3-10〉의 우측에 있는 발견한 가치 목록 중에서 나의 강점이나 재능을 가장 잘 표현해주는 다섯 가지 키워드를 도출하는 과정이다. 해당 키워드와 관련된 과거의 경험을 반추해보면서 어떤 느낌이 들었는지 솔직하게 적어본다. 해당 키워드대로 생각하고 행동하면서 보고 배운 점을 다시 천천히 생각해본다. 이런 과정을 통해서 내 삶의 중심으로 자리 잡아도 손색이 없다고 생각하는 다섯 개 키워드를 최종적으로 결정한다. 마지막으로 결정된 다섯개 키워드는 내 삶의 역사를 잘 반증해주는 나의 특성이자 강점이며 재능을 대변하는 욕망의 목록이다.

산맥 타기 분석을 통해서 오르막과 내리막이 주기적으로 반복되는 삶을 돌아봤다. 산맥 타기 분석을 통해 삶의 역사를 반추하면서 인생의 시기별로 겪었던 다양한 체험에서 깨달은 지혜와 숨겨진 강점을 새롭게 알게 된다. 고통스러운 현실에 정면으로 직면하기 어려웠다. 돌이켜보면 오늘의 나를 만들어준 소중한 체험이었다. 소중한 교훈은 산맥 타기를 통해서 힘든 상황을 보다 긍정적인 시각으로 바

구분		경험	깨달은 교훈	발견한 교훈
긍정적 경험	①			
	②			
	③			
	④			
	⑤			
부정적 경험	①			
	②			
	③			
	④			
	⑤			

〈표 3-10〉 경험에서 핵심가치 찾아내기

라보는 눈을 가질 수 있게 됐다. 모든 것이 나의 성장을 도와주는 디딤돌이자 원동력이다. 오늘의 나는 과거의 내가 겪었던 체험의 역사적 산물이다. 과거의 체험이 소중한 이유는 그것이 내가 생각하고 행동하는 원료로 작용하기 때문이다. 내가 겪은 체험의 깊이와 넓이가 바로 내가 생각할 수 있는 깊이와 넓이를 지배한다. 그래서 모든 경험은 내 삶의 스승이다.

고대 로마의 정치가이면서 라틴문학 최고의 작가인 키케로의 말을 인용하자면 인생의 각 시기에는 적절한 특징이 있다고 한다. '인생은 유년기의 연약함, 청년기의 격렬함, 중년기의 장중함을 거쳐 노년에는 인생의 원숙함'으로 완성된다. 시기별로 아름답게 보이는 자연스러움이 있다 한다. 삶이라는 긴 여정을 펼쳐놓고 봤을 때 누구나 밟아가는 자연스러운 흐름인 셈이다. 삶에는 저마다의 풍경이 있다. 세상에 더 좋은 풍경은 없다. 모든 풍경은 나름의 사연과 배경이 있다. 그 속에 기쁨과 슬픔을 머금은 채 세월을 따라 변화돼 간다. 산맥 타기를 통해서 드러난 제 삶의 풍경은 다른 사람의 풍경과 비교해서 좋고 나쁘다고 판단할 수 없는 고유한 가치를 지닌다. 내 삶의 풍경에는 나름의 가치관이 반영돼 있어서 저마다 다르게 드러나는 아름다움이 존재한다.

Q. 색다른 질문으로 새로운 문을 열어라[08]

잠자는 영혼을 흔들어 깨우는 방법은 무엇일까? 내 안에 질문을 던지는 것이다. 내가 누구인지, 내 삶의 궁극적인 목적은 무엇인지, 나는 나답게 살아가는지, 내가 가진 재능과 강점은 무엇인지, 나는 지금까지 무엇을 위해서 살아왔으며 어떤 결과를 만들어냈는지, 그리고 그런 것의 의미는 무엇인지? 질문을 반복하다 보면 평소 당연하다고 생각하는 신념과 가치관에 새로운 가능성의 문이 열린다. 몰랐던 부분을 새롭게 알 수 있는 중요한 계기가 되기도 한다. 나를 알기 위해서는 나에게 끊임없는 질문을 던지고 관심을 둬야 한다. 당신 자신에게 무엇을 요구해야 하는지, 내가 무엇을 필요로 하는지는 내 안으로 던지는 질문을 통해서만 답을 찾을 수 있다.

세계 최고의 리더십 전문가이자 베스트셀러의 작가인 존 맥스웰[09]은 저서『인생의 중요한 순간에 다시 물어야 할 것들』을 통해 질문은 현실에 안주하려는 자신을 앞으로 나아가게 이끄는 힘이라고 했다. 그는 인생의 변화와 성장을 이끄는 가장 큰 동인인 질문의 중요성에 대해 말한다. 같은 맥락으로 변화심리학의 세계적 권위자인 앤서니 라빈스 역시 "수준 높은 질문은 수준 높은 삶을 만든다. 성공하는 사람들은 더 좋은 질문을 하므로 더 좋은 답을 얻는다."라고 말했다. 질문의 질이 답의 질을 결정한다. 질문은 펌프로 물을 퍼 올리기 전에 마중물을 집어넣어 지하수를 퍼 올리는 과정과 유사하다. 마중물을 붓지 않으면 펌프질을 계속해도 땅속 깊은 곳의 맑은 물을 얻을 수 없다. 마찬가지로 질문을 던지지 않고 내가 누구인지를 계속 고민한들 영혼을 일깨우는 색다른 대답은 얻을 수 없다.

영화「올드 보이」에 이런 대사가 나온다. "당신의 진짜 실수는 대답을 못 찾은 게 아니야. 자꾸 틀린 질문만 하니까 대답이 나올 리가 없잖아!" 우리는 대답을 외우고 정답을 찾기에 급급해서 살고 있다. 하지만 이보다 선행돼야 할 것은 바르게 질문하기다. 바른길로 방향을 잡아줄 옳은 질문을 하면 답을 찾기 위한 여정이 시작된다. 내 안으로의 여정을 통해 나는 어제와 다른 나로 성숙해진다. 성숙해지면서 내가 찾고자 하는 답 역시 발견한다. 제대로 대답하기 위해서 올바른 질문을 던져야 한다.

실제로 질문을 의미하는 '퀘스천question'과 탐구와 탐색을 뜻하는 '퀘스트quest'는 어원이 같다. 퀘스트는 신을 찾는 여정인 성지순례를 의미하기도 하고 어떤 미션을 수행한다는 뜻으로 게임에서도 많이 사용한다. 두 단어는 라틴어 '콰이르에레quaerere'에서 파생한 말로 '묻다.' '찾다.'라는 의미다. 질문하면 그 질문의 답을 찾기 위한 탐구 여정이 시작되고 그 자체가 삶을 변화시킨다. 삶의 중심, 즉 핵심가치가 무엇인지는 내 안에 있다. 지금은 내 안에 잠자고 있지만 내 삶을 변화시킬 핵심가치를 발견하기 위해서는 어제와 다른 질문을 던지며 안으로 파고드는 여행을 떠나야 한다. 내 삶의 중심에 자리 잡고 있는 가치관과 신념을 움직이는 핵심가치를 찾기 위해서 다음 6단계의 여정을 시작한다.

1단계: 다음의 질문을 통해서 핵심가치가 무엇인지를 찾아보는 연습을 한다.

당신의 인생에서 성취감을 맛보았던 가장 기억에 남을 만한 세 가지 일은?

당신의 인생에서 가장 좌절감을 맛보았던 세 가지 실패 사례는?

당신이 가장 소중하게 생각하는 세 가지 물건은?

내가 만약 무인도에 남는다면 가져가야 할 세 가지 필수품은?

나에게 시간을 준다면 가보고 싶은 세 가지 여행지는?

당신이 누군가와 인연을 맺을 때 가장 중요하게 생각하는 세 가지 미덕은?

내가 만약 일주일 안에 죽는다면 해보고 싶은 세 가지는?

당신이 지금까지 읽은 책 중에 가장 기억에 남는 세 권의 책은?

무의식중에 당신의 생각과 행동을 지배하는 규율이나 도덕적 신념은 무엇인가?

2단계: 이상의 질문에 대한 답변에 담긴 소중한 가치관이나 미덕은 무엇인가?

예를 들면 내 인생에서 성취감을 맛보았던 세 가지 기억이 있다. 첫 번째는 강사로 처음 무대 위에 올라 청중과 마주했을 때 섰던 기억이다. 두 번째는 우여곡절 끝에 히말라야 안나푸르나 베이스캠프에 올랐을 때 느낀 성취감이다. 세 번째는 『커뮤니데아』 책을 내고 출간기념회를 하면서 느낀 희열감이다. 세 가지 일은 도전과 열정이라는 핵심가치대로 살면서 만들어낸 내 인생의 중대 사건이다. 세 가지 기억은 삶에서 절대 지워지지 않는 소중한 추억의 한 페이지다.

또 다른 예는 가장 소중하게 생각하는 세 가지 물건에 관한 이야기다. 세 가지 물건은 만년필, 노트북, 책이다. 만년필은 생각의 흔적을 손으로 눌러쓰면서 마음의 그리움과 상처를 치유하는 글쓰기 도구다. 노트북은 언제 어디서나 생각나는 점을 메모하는 기록의 산실이자 소중한 내 분신이다. 마지막으로 책은 계속 공부할 수 있도록 도와주고 영혼을 살찌우는 생각 음식이다. 이 세 가지 물건에 담긴 개인적인 욕망과 소중하게 지니고 있는 가치를 생각해본다면 만년

필과 치유, 노트북과 행복, 그리고 책과 사색이라는 가치를 연결해볼 수 있다.

3단계: 평소에 자기 자신에게 해주고 싶은 충고나 조언은?

하고 싶은 일을 하지 못하고 망설일 때가 있다. 더 나은 미래를 생각하며 어쩔 수 없이 힘든 상황을 견디는 경우도 있다. 하겠다고 다짐했지만 실천하지 못하며 안타깝게 생각하는 때도 있다. 기대했던 일이 잘되지 않아서 좌절하고 절망하는 순간도 있다. 수많은 상황에서 우리는 자신을 향해 끊임없이 충고하고 조언한다. 과식이나 과음하지 말고 제발 몸 좀 생각해라. 운동을 통해 몸을 단련하고 절제의 미덕을 가져라. 생각을 너무 오래 하지 말고 밖에 나가서 산책 좀 해라. 결심을 내일로 미루지 말고 마음먹은 일은 즉시 실행해라. 커피 좀 그만 마시고 커피 마실 돈으로 책 좀 사서 읽어라. 검색은 그만하고 사색 좀 해라. SNS에 시간 낭비하지 말고 나가서 사람들과 이야기 좀 해라. 아침에 조금만 일찍 일어나서 밥 좀 먹고 다녀라. 스마트폰 그만 보고 일상의 경이로움을 좀 즐겨라. 살아가면서 우리는 이상과 같이 잔소리를 중얼거리기도 하고 자신을 한탄하면서 스스로에게 충고하기도 한다.

4단계: 나에게 했던 충고나 조언에 담긴 핵심 키워드를 도출하라.

언어에는 그 사람의 욕망이 담겨 있다. 생각의 씨앗이 나도 모르게 내가 말하는 언어에 고스란히 담긴다. 언어 속에 담긴 욕망의 흔적을 찾아 생각하다 보면 평소 소중하게 생각하는 신념과 가치관이 녹아 있다. 예를 들면 과식이나 과음하지 말고 제발 몸 좀 생각해라. 운동을 통해 몸을 단련하고 절제의 미덕을 가지라는 말에는 절제라는 가치관이 들어 있고 SNS에 시간 낭비하지 말고 나가서 사람들과 이야기 좀 하라는 말에는 소통의 미덕이 숨어 있다. 평소에 내가 나에게 하는 충고나 조언 혹은 한탄이나 잔소리 다섯 개 정도를 쓴 다음 그 속에 담긴 진정한 나의 의도나 욕망을 키워드로 뽑아보자.

5단계: 핵심가치와 어긋나는 상황을 가정해보고 그 상황에서 어떠한 의사결정을 하게 됐는지를 과거의 상황을 떠올리며 생각해봐라.

당시에 내가 했던 의사결정의 기준이 무엇이었는지 돌아보자. 여기에 참고가 될 만한 사례가 있다. 일명 로자 파크스 모멘트**RPM Rosa Parks Moment**라는 말이다. RPM은 로자 파크스가 소중하게 생각하는 핵심가치에 어긋나는 행동을 하는 사람을 보면 한 치의 머뭇거림 없이 즉시 행동에 임하는 순간을 말한다. 그녀는 '현대 민권 운동의 어머니'라고 칭송된다. 내가 소중하게 생각하는 핵심가치가 진정성이라면 진정성에 어긋나는 행동을 하면서 비윤리적인 방법으로 사업권을 쟁취하려는 움직임을 볼 때 서슴지 않고 이 사실을 관련 당사자들에게 말하는 것이다. 핵심가치는 생각과 가치관대로 실천하는 데 가치가 있지 않고 핵심가치대로 같이 지켜나가는 미덕의 공동체가 존재할 때 가치가 배가된다.

지금부터 내가 생각하는 핵심가치를 떠올린 다음 핵심가치에 어긋나는 일이 발생한 상황에 대해서 육하원칙에 근거해서 자세하게 기술해본다. 가급적 당시 상황을 구체적으로 기술할수록 좋다. 그 상황에서 내가 취한 의사결정의 기준은 무엇이었는지, 어떤 행동을 취해서 어떤 결과를 얻게 됐는지, 마지막으로 이 상황을 통해 얻은 교훈은 무엇이었는지, 내 핵심가치에 비추어볼 때 앞으로 개선해야 할 점은 무엇인지를 토론한다.

6단계: 지금까지 던진 질문과 대답을 종합해서 내 삶의 중심, 핵심가치를 선정한다.

1단계와 2단계의 다양한 질문에 대한 답변을 분석하면서 도출된 키워드를 다섯 개 내외로 정리한다. 3단계와 4단계의 충고나 조언 다섯 가지에 담긴 욕망이나 미덕과 관련된 가치 다섯 개를 도출한다. 5단계의 상황을 분석하면서 겉으로 드러난 신념과 가치관 관련 키워드를 있는 대로 정리한다. 이상에서 도출된 핵심가치 관련 키워드 중에서 중복되는 단어를 삭제하고 비슷한 미덕을 지닌 단어는 한 가지로 단어로 통합한다. 총 다섯 개 내외의 핵심가치 관련 키워드를 도출한 다음 마지막으로 각각의 키워드에 대한 나의 생각을 정의한다. 사전에 나와 있는 보편적이고 논리적인 정의가 아니라 나의 체험과 생각과 느낌이 녹아들어 있는 감성적 정의를 내린다. EQ=ABCD 모형이라고 생각한 것도 EQ가 감성지능 지수를 의미한다는 점에 착안했다. 핵심가치는 남의 이야기가 아니라 바로 나의 이야기다. 내 이야기를 나의 체험적 지혜를 바탕으로 감성적으로 설득할 때 사람들은 비로소 핵심가치에 공감하고 같이 만들어가는 가치 공동체를 건설한다.

"당신이 옳다고 믿는 신념은 곧 당신의 생각이 된다. 당신의 생각은 곧 당신이 평소에 표현하는 말이 된다. 당신이 표현하는 말은 그대로 당신의 행동이 된다. 당신이 행동하는 대로 당신의 습관이 된다. 무의식중에 반복하는 습관은 곧 당신의 생각과 행동을 지배하는 가치관이 되고 그 가치관이 바로 당신의 운명을 결정한다." 마하트마 간디의 말이다. 운명을 결정하는 요소는 참으로 많다. 그중에서 핵심가치가 운명을 결정하는 가장 중요한 요소로 작용하고 있음을 간디의 명언을 통해 알 수 있다. 타고난 팔자나 운명을 믿지 말고 가치관대로 생각하고 행동해야 한다. 가치관대로 살다 보면 팔자는 숙명론적으로 결정됐다고 할지라도 운명은 얼마든지 바뀔 수 있다. 핵심가치는 단순히 살아가면서 누구나 지니고 있어야 할 바람직한 미덕이 아니다. 핵심가치는 개인의 운명까지도 바꿀 수 있는 혁명적인 변화 DNA다. 핵심가치는 삶의 중심을 뒤흔들 수 있는 경이로운 기적이자 감동적인 기폭제다.

핵심가치대로
실천하면서 살아가는 방법

행동하지 않고 변화만 기대하고 있지는 않은가

핵심가치를 찾는 것도 중요하지만 더 중요한 것은 실천하면서 살아가는 것이다. 핵심가치는 액자 속에 보관하는 보기 좋은 말이 아니라 실천에 옮겨서 내 삶을 변화시키는 행동강령이다. 행동강령으로서의 핵심가치는 행동으로 옮기지 않으면 무용지물이다. 많은 사람이 좋은 생각과 위대한 아이디어를 갖고 있지만 실제로 생각한 대로 아이디어를 실천에 옮기지 않는다. 세상을 바꾸는 사람들은 생각만 하고 행동하지 않는 사람이 아니라 작은 아이디어라도 실천에 옮기면서 조금씩 변화시켜 나가는 사람이다. '나는 생각한다. 고로 존재한다'가 아니라 '나는 실천한다. 고로 존재한다'가 더 현실적으로 맞는 말이다. 핵심가치는 추상적 방향이나 기억하면 좋은 인생의 명언이 아니다. 매일 반복하는 습관처럼 실천에 옮겨 삶을 변화시키는 변화촉진제다. 자존감을 심어주고 자신감을 갖게 해주는 동기부여제이기도 하다. 핵심가치를 실천에 옮긴다는 말이 무엇을 의미하는지 사례를 통해 보여줄 것이다.

핵심가치 실천모델은 유영만 교수가 쓴 『체인지體仁知』에 나온 아이디어를 바탕으로 실천계획을 수립하고 『블루오션 전략』[10]이라는 책에 나오는 ERRC 모델을 활용해서 실천하는 아이디어를 구상했다. ERRC 모델은 이레이즈Erase, 리듀스Reduce, 레이즈Raise, 크리에이트Create의 약어로 기존에 하던 일을 그만두고Eliminate 줄이거나Reduce 늘리고Raise 하지 않던 일을 새롭게 시작Create할 것이 무엇인지를 생각하는 실천 방법이다. 핵심가치대로 살아가라는 말은 막연하게 들릴 수 있다. 핵심가치대로 살아가는 모습이 구체적으로 어떻게 살아가는지를 보여주기 위해 선택한 아이디어다.

마지막으로 핵심가치대로 실천하는 과정을 주기적으로 점검하고 모니터링하면서 실천과정에 대한 피드백을 제공함으로써 핵심가치 실천이 의미 있게 이루어질 수 있도록 조치한다. 이를 위해 AAR이라는 방법을 도입한다. AAR은 애프터 액션 리뷰After Action Review의 약자로 말 그대로 어떤 행동을 한 다음 리뷰하면서 점검하고 평가하면서 더 나은 개선방안을 찾아보는 방법이다. AAR은 다음 네 가지 질문과 이에 대한 답변을 통해 스스로 반성하고 배워서 이전보다 나아지려는 노력이다. 첫째, 본래 기대했던 목표나 의도는 무엇인가?

둘째, 실제로 발생한 일은 무엇인가? 셋째, 목표나 의도와 실제 발생한 일 사이에 왜 격차가 생겼는지? 넷째, 세 번째 생각해본 격차나 차이로부터 배운 교훈은 무엇인가?

삶을 체인지하라Plan!¹¹

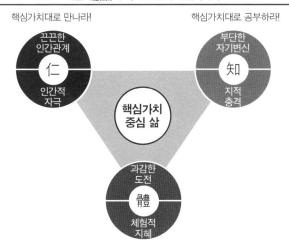

핵심가치대로 행동하라! 체體

핵심가치대로 행동한다는 말은 핵심가치를 중심으로 할 것인지 말 것인지를 판단하고 행동하라는 말이다. 핵심가치 중심 행동은 핵심가치에 어긋나는 일이 발생하면 과감하게 나서서 다시는 그런 일이 발생하지 않도록 미리 방지하는 것을 의미한다. 핵심가치에 상응하는 일이 생기면 머뭇거리지 않고 과감하게 행동하라는 의미다. 모든 일의 의사결정 기준은 핵심가치에 상응하는 일이면 주체 없이 추진하고 어긋나는 일이면 쉽고 편안한 길이라도 과감하게 의사결정을 거부하고 행동하지 않는다. 돈을 많이 벌 수 있지만 내가 소중하게 생각하는 핵심가치에 어긋나는 일, 예를 들면 도전과 열정 없이도 기존에 내가 가진 지식만으로도 편안하게 할 수 있는 제안이 들어오면 정중하게 거절한다. 어떤 일을 할지 말지는 전적으로 내가 소중하게 생각하는 핵심가치에 상응하는지에 달려 있다.

첫째, 핵심가치대로 스토리 만들기. 핵심가치대로 일과를 일일신 우일신 日日新 又日新하면서 스토리를 만들어본다.

둘째, 핵심가치대로 경험하기. 핵심가치대로 일상을 벗어나 나의 전문성을 신장시킬 수 있는 경험 영역을 넓혀본다.

셋째, 핵심가치대로 습관 만들기. 핵심가치대로 매일 실천할 수 있는 의도적 습관, 즉 리추얼을 만든다.

핵심가치대로 만나라! 인仁

살다 보면 수많은 사람을 만나다. 비즈니스 관계를 맺기 위해 새로운 사람을 끊임없이 만나고 인간적 정으로 끈끈한 인간관계를 맺어나간다. 삶은 사람과 사람이 만나는 관계에서 시작하고 관계에서 끝을 맺는다. 어쩔 수 없이 만나야 하는 사람을 제외하고 우리는 살아가면서 선택적으로 인간관계를 맺는다. 이왕 만나는 사람이면 내가 부족한 부분을 배울 수 있는 사람을 만난다. 나와 입장과 의견이 다르지만 새로운 관계 속에서 인간적 자극을 받을 수 있는 사람을 만나는 게 행복한 삶이다. 그렇다면 누구를 만나야 하는가? 공감대 폭이 넓은 사람, 추구하는 가치관이 비슷한 사람, 무엇보다도 내가 추구하는 일을 암묵적으로 지원하고 응원해줄 수 있는 사람이 많을수록 인간관계에서 소중한 깨달음을 얻을 수 있다.

첫째, 핵심가치대로 사람 사귀기. 나의 핵심가치와 비슷하다고 생각하는 사람을 선정해서 그 사람을 만나 인터뷰를 해보고 배울 점이 무엇인지 찾아본다.

둘째, 핵심가치 반례 찾아보기. 나의 핵심가치에 어긋나는 행동을 하는 사람을 선정한 다음 그 사람에게 반면교사처럼 거꾸로 얻을 수 있는 체험적 지혜가 무엇인지를 찾아서 공부한다.

셋째, 핵심가치 기반 지지자 찾아보기. 상황과 관계없이 나를 지지하고 적극 추천해줄 사람을 찾아본다.

핵심가치대로 공부하라! 지知

공부를 멈추는 순간 사람의 성장도 거기서 멈춘다. 공부를 지속해야 하는 이유는 세상의 변화는 기존 지식으로 설명도 불가능할 뿐만 아니라 새로운 가능성의 문을 열어젖히는 과정에도 턱없이 부족한 지식이다. 핵심가치대로 생각하고 행동하는 삶은 핵심가치대로 생각하고 행동하는 삶이다. 핵심가치는 액자 속에 갇힌 좋은 말의 향연이 아니다. 핵심가치는 좋아 보이는 말을 모아놓은 것이 아니라 살아가면서 내면에서 울려 퍼지는 삶의 철학과 혼을 담고 있다.

핵심가치에 대한 신념과 철학을 굳건하게 유지하면서 핵심가치 중심의 삶의 질을 높이기 위해 끊임없이 학습할 필요가 있다. 공부도 막연하게 목적의식 없이 시작하는 것이 아니라 핵심가치 중심으로 매일 공부하는 습관을 들이는 것이 중요하다. 예를 들어 핵심가치 중심의 공부란 핵심가치와 관련된 성공사례와 실패사례를 분석하고 핵심가치와 관련된 사람을 만나며 내가 배운 교훈, 일을 통해 깨달은 체험적 지혜, 그리고 영화나 음악이나 책을 통해 느낀 점과 실천할 점을 적어보는 것이다.

첫째, 핵심가치대로 책 읽기. 핵심가치와 관련된 선각자들이 쓴 책을 찾아본 다음 그 사람이 현장에서 어떤 고민을 하며 공부했는지를 조사하고 분석해본다.

둘째, 핵심가치대로 전문성 개발하기. 나의 핵심가치와 관련된 전문성을 향상할 수 있는 배움의 기회나 교육적 경험을 지속적으로 확산 심화시킬 수 있는 자기계발 계획을 세워본다.

셋째, 핵심가치대로 글쓰기. 핵심가치대로 행동하고 사람을 사귀며 공부한 깨달음을 핵심가치 영역별로 나눠서 주기적으로 글을 써본다.

지금까지 알아본 핵심가치 실천방안에 따라 독자들도 핵심가치를 일상적 삶에 적용해서 습관으로 만들어볼 수 있는 계획을 표를 활용해서 작성해본다. 핵심가치대로 행동하는 실천과제 세 가지를 도출

핵심가치 실천계획 수립

구분	실천과제	실천방법	판단증거
체體	1. 2. 3.		
인仁	1. 2. 3.		
지知	1. 2. 3.		

하고 어떻게 실천할 것인지 방법을 간략하게 써본다. 핵심가치대로 사람을 만나고 공부하기도 각각 세 가지 실천과제와 실천방법을 동일한 방법으로 작성한다. 마지막으로 세 가지 영역별 실천과제가 기대했던 대로 실행됐는지를 판단할 수 있는 증거도 함께 기록한다. 예를 들면 핵심가치대로 스토리 만들기 과제의 경우 핵심가치대로 스토리가 만들어졌는지는 핵심가치대로 실천하면서 보고 느끼고 깨달은 점을 기록한 일정한 분량의 글이 있는지에 따라 평가가 달라질 수 있다.

핵심가치를 실천하는 것은 실천 이전에 핵심가치대로 생각하고 판단하며 의사 결정하는 활동이 전제된다. 핵심가치 중심으로 실천하기 위해서는 실천을 할 것인지 말 것인지를 핵심가치 기준에 비추어 생각해보고 판단한다. 핵심가치 실천은 핵심가치대로 생각하고 판단하며 의사결정 한 다음 그대로 행동에 옮기는 전 과정을 포함한다. 핵심가치와 핵심가치에 관한 판단 및 의사결정과 핵심가치 기반 실천 간에 간극이 존재한다면 핵심가치를 단순히 보기 좋은 슬로건이나 구호로 내세우는 언행 불일치의 장본인으로 보일 수 있다.

삶의 가치를 높여라Do!

핵심가치 실행 모델ERRC:
제거Eliminate하고 줄이고Reduce 늘리며Raise 시작하라Create!

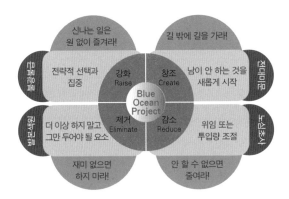

ERRC 모델을 활용해 핵심가치를 효과적으로 실천할 방안을 모색한다. 나의 핵심가치와 관련해서 더 이상 하지 말아야 할 행동이나 습관이 무엇인지를 생각나는 대로 적는다. 재미있고 의미 있게 지낼 시간이 절대적으로 부족하다고 생각될 때 하지 말아야 할 올바르지 못한 생각이나 행동은 과감하게 그만두지 않으면 삶이 무의미해진다. 새로운 일을 추진하기 위한 계획도 중요하지만 안 해도 되는 일, 해서는 안 되는 일을 과감하게 뿌리째 뽑아버리는 발본색원의 마음가짐만으로도 시간의 낭비를 막을 수 있다. 새롭게 뭔가를 시작하고 추가하는 일도 필요하지만 하던 일을 그만두는 것만으로도 삶에 효율이 높아진다.

둘째, 하는 일을 줄이는 것만으로도 일과가 의미 있게 만들어진다. SNS를 활용해 불특정 다수와 가벼운 소통을 하거나 스마트폰으로 검색하는 시간을 줄이고 그 시간에 다른 일을 한다면 가치 있는 일이 생길 수도 있다. 하던 일을 줄이는 것은 해야 하는 일이지만 지금보다 시간을 줄이면 오히려 더 효과적인 대안을 찾는 방법이다. 한마디로 안 할 수 없으면 줄이는 방법이다. 지금까지 언급한 그만두거나 제거하는 일과 하던 일을 줄이는 일만 잘해도 핵심가치와 관련해 더 의미 있고 가치 있는 일을 할 시간적 여유가 생긴다.

셋째, 하던 일 중에서 전략적 선택과 집중을 통해 더 많은 시간을 투입하여 열정적으로 몰입하면 지금보다 훨씬 가치 있는 성취감을 맛보게 하는 강화라는 방법이다. 여기서 강화란 신나는 일은 원 없이 즐기는 불광불급의 상태다. 하루에 책 읽는 시간을 평소보다 두세 배 늘려서 정독한다면 책 읽는 재미에 빠져서 새로운 인식의 지평을 열어갈 수 있다. 특히 강화는 전략적 선택과 집중을 통해 열정적으로 몰입해야 할 일을 선정하지 않으면 에너지가 분산돼서 기대만큼의 성과를 거두기 어렵다.

넷째, 남이 하지 않는 것을 새롭게 시작하는 창조의 단계다. 남이 간 길을 쫓아가지 않고 내가 한 번도 시도해보지 않은 전대미문의 새로운 길을 걸어가는 것이다. 핵심가치별로 한 번도 시도해보지 않은 도전과제를 실제로 실행해본다. 한 번도 가보지 않은 낯선 곳으로 여행을 떠난다든지 많은 사람의 도전 목록에는 있지만 내가 해보지 않은 도전 프로젝트를 실행하는 경우다. 한 번도 써보지 않은 책을 기획해서 핵심가치대로 살면서 깨달은 점을 책으로 출간하는 프로젝트를 실행해본다. 해보지 않은 일을 하게 되면 이전에 경험해보지 못한 색다른 깨달음을 얻을 수 있다. 세상에는 가보지 않은 낯선 곳이 아직도 많이 있다. 살아가는 동안 새롭게 시작해야 하는 일이 그만큼 많다는 뜻이다. 영화 「고산자, 대동여지도」에 보면 갈 길은 아직 가보지 않은 길이라는 대사가 나온다. 핵심가치를 통해서 누구도 걸어가지 않은 길을 걸어가는 동안 그 길 위에서 내가 살아 있음을 느낄 때 보람을 느끼고 가장 행복한 성취감을 맛보게 된다.

삶을 반추하고 점검하라 Check!

핵심가치대로 계획을 세우고 실행했다면 과연 핵심가치대로 살아가는지를 주기적으로 리뷰해보고 모니터링하면서 스스로에게 피드백을 제공할 필요가 있다. AAR은 말 그대로 어떤 행동이나 조처를 한 다음 그 결과가 의도했던 방향으로 일어난 것인지를 네 가지 질문을 통해 성찰해보는 학습방법이다. 이처럼 AAR은 일과는 물론 주간과 월간 나아가 연간 계획 대비 실행 성과를 비교하고 분석하면서 새로운 대안을 모색하는 성찰적 도구이다. AAR에서 첫 번째 던지는

핵심가치 평가 모델AAR:
After Action Review실천하고 나서 리뷰해봐라!

① 기대와 목표:
본래 기대했던 목표는 무엇인가?

③ 격차:
기대나
목표와
실제 성과
사이에
왜 차이가
생겼는가?

핵심가치
평가모델

④ 교훈:
왜 차이가
발생했는가?

② 실제 성과:
실제로 어떤 일이 일어났는가?

질문은 본래 기대했던 목표가 무엇인가이다. 두 번째는 계획에 따라 실행한 결과 실제로 어떤 일이 일어났는지에 대해서 알아본다. 세 번째는 기대와 목표에 따라 실행한 후 어떠한 성과가 있는지 실제 기대치와는 어떤 차이가 있는지에 대해 생각해본다. 네 번째는 기대와 목표가 실제 성과와 차이가 있었다면 왜 그런 차이가 발생했는지를 염두에 두고 차이가 주는 시사점이나 교훈을 되짚어보면서 배울 점을 찾아본다.

AAR을 활용해서 핵심가치 중심의 삶이 올바르게 실천되는지를 평가해보는 사례를 들어본다. 첫 번째 사례는 기대했던 목표 수준 이상의 결과를 산출했던 스토리다. 한때 'CEO 밴드의 보컬로 활동했다. 밴드 악기 팀의 평균 나이가 50세인 전대미문의 밴드였다. 각 기업의 CEO들로 결성돼 CEO 밴드라는 이름이 붙여진 게 아니다.

CEO의 진정한 의미는 내 인생의 주인공은 나이며 자신이 스스로 인생의 CEO가 되자는 뜻이다. 드럼과 베이스는 악기를 잡아본 적도 없는, 음악에 처음 발을 내디딘 분들이고 보컬인 나 역시 음치에 박치에 고음 불가였다.

우리는 길게 보고 새로운 도전에 최선을 다해보자는 취지로 매주 세 시간 이상의 합주를 하며 호흡을 맞춰갔다. 처음에 내가 기대했던 목표는 밴드의 일원으로 최선을 다해 노력하면서 노력하는 것이다. 노래실력과 관계없이 하고자 하는 열정으로 도전했고 결과와 관계없이 연습하는 과정에서 행복했다. 처음 밴드가 결성될 당시에는 여자 보컬 세 명과 남자 보컬 한 명으로 보컬 인원만 총 네 명이 있었다. 모두 생업이 바쁘고 각자의 위치에서 최선을 다하는 분들이기에 시간을 맞추는 게 쉽지 않았다. 하지만 나는 한 번도 합주에 빠진 적이 없다.

물론 밴드의 원칙이 첫째는 일, 둘째는 가족과의 시간, 그리고 셋째가 밴드라는 우선순위 안에서 움직였다. 그러나 나는 노래하는 순간이 행복했기에 무조건 일정을 조절했고 힘들더라도 연습에 빠지는 일이 없었다. 그 당시 연습장소는 일산이었다. 용인 집에서 일산까지는 왕복 150킬로미터 거리다. 늘 장거리 운전에 지쳐 있었지만 150킬로미터의 거리를 감내하고 레슨을 받으며 합주에 한 번도 빠진 적이 없다. 열정이 없었다면 불가능한 일이었다. 열심히 연습한 결과 CEO 밴드는 공연무대에 몇 차례 올랐다. 공연에 오르기 전에는 일주일 동안 손수건으로 목을 감싸고 다녔고 강의할 때 이외에는 말수도 최대한 줄여가며 목을 아꼈다. 프로폴리스 스프레이를 자주 사용하고 목에 좋다는 약으로 목을 보호했다.

첫 번째 공연은 그동안 호흡을 맞췄던 밴드가 공식 무대에 서기 전에 실전 연습의 성격을 띠는 리허설 무대였다. 당시 공연은 50여 명 정도가 모인 작은 공연장에서 이뤄졌다. 정식 프로 무대도 아닌 데 참 호들갑이라는 이야기를 듣기도 했다. 무대의 크고 작음에 상관없이 최선을 다해야 한다. 목 상태가 좋지 않아서 제 실력을 발휘하지 못했다는 변명을 하고 싶지 않았다. 완벽하지는 못했지만 최선을 다했던 무대였고 그 순간 참 행복했다.

CEO 밴드의 보컬로 활동했던 인연으로 「너에게 가는 길」 「힐링송」 두 곡의 노래를 부르게 됐고 음반발매로까지 이어졌다. 형편없는 노래실력을 탓하며 보컬에 도전하지 않았거나 바쁜 일정을 핑계로 최선을 다하지 않았다면 이룰 수 없었던 결과다. 처음부터 음반발매를 목표로 두고 욕심을 부렸다면 이런 결과를 얻지 못했을 것이다. 에너지 원천은 하나에 집중하면 열정적으로 최선의 노력을 기울이는 것이다. 지금도 열정적으로 무언가에 임하고 있다. 마음을 비우고 그저 순간을 즐기며 도전과 열정이라는 핵심가치를 가슴에 품고 매 순간 최선을 다했기에 뜻하지 않은 기회가 찾아오고 행운의 여신이 손을 내밀어 줬다.

AAR 모델이 비추어봤을 때 내가 생각했던 기대와 목표 이상의 성과가 생긴 사례다. 기대보다 생각지도 못한 성취감을 맛보게 된 이유를 생각해보면 결과와 관계없이 열정적으로 연습과정을 즐기면서 내진한 덕분이다. 사람을 감동시키는 에너지, 그것은 바로 열정이다.

세상을 뜨겁게 사는 에너지인 열정으로 연습을 즐겼고 성실히 임하며 최선을 다했기에 내가 생각했던 것 이상의 결과를 얻을 수 있었다. 목표와 실제 결과상의 긍정적인 차이는 남에게 보여주기 위한 노력을 하는 것이 아니라 과정 자체를 즐기면서 자신의 핵심가치대로 생각하고 행동했을 때 나타난다.

하지만 늘 이렇게 기대 이상의 결과나 행복이 따르는 것은 아니다. 세웠던 목표에 도달하지 못하거나 아쉬움이 남는 경우도 물론 있다. 세상에는 계획대로 풀리는 일보다 계획과 관계없이 뜻밖의 일이 발생해서 기대에 못 미치는 경우가 더 많다. 살아가면서 깨달음이나 소중한 교훈을 얻는 경우는 성공했을 때보다 실패했거나 기대 이하의 결과가 나타났을 때이다. AAR 모델은 의도했던 대로 일이 잘 풀리는 사례보다 의도하지 않은, 또는 의도하지 못한 사례가 발생했을 때 더 의미 있다. 특히 기대에 못 미치는 결과 발생 시 AAR 모델을 활용할 경우 많은 배움을 얻을 수 있다.

예를 들면 학창시절 활용해본 경험이 있는 오답 노트를 떠올리면 된다. 오답 노트를 통해 왜 틀렸는지, 어느 부분을 몰랐는지, 알아둬야 할 개념은 무엇인지 스스로 정리하는 습관을 기르면서 같은 실수를 반복하지 않게 된다. AAR 모델은 인생의 오답 노트다. 하고자 하는 일이 있을 때 기대에 미치지 못한 결과가 나왔다면 이 이유는 무엇인지, 어떤 부분을 보완해야 하는지, 그 일을 함에서 나에게 진심으로 힘을 실어줄 소중한 사람들은 누구인지를 돌아보게 한다. 기대에 미치지 못하는 일이 발생했다고 부정적으로 생각하지 말고 실패

사례로부터 배울 수 있는 교훈이 무엇인지를 긍정적으로 생각할 필요가 있다.

한때 커뮤니데아 M클럽이라는 모임을 운영한 적이 있었다. M클럽은 서로의 가치를 나누면서 가장 나답게 소통하고 동시에 더불어 행복한 성장을 하는 모임이다. 당시 M클럽은 저마다 인생의 가치를 추구하며 사는 사람들이 매달 모여서 삶의 3M(만남의 기적Miracle, 긍정적 동기Motivation, 도약의 발판Momentum)을 새롭게 발견하고 나누며 같이 공유하는 모임이다. 모임은 매월 넷째 주 토요일 오전 7시에 진행됐다. 회사 업무로 바쁘게 지내온 사람들에게 주말 오전 시간은 부담되는 시간이다. 직장인들에게 토요일 오전은 충전을 위해 꼭 필요한 시간이고 꿀맛 같은 단잠을 자며 부족한 체력을 끌어올리는 시간이다. 평소에 좋아하는 등산이나 테니스 혹은 사회인 야구 동호회에서 마음이 맞는 사람들과 즐겁게 보내는 매우 중요한 의미를 담은 시간도 토요일 오전이다. 이러한 귀한 시간을 커뮤니데아 M클럽과 함께해주는 사람이 많았다. 다양한 연령대와 직종을 가진 사람이 모여 생각지 못한 인연이 만들어지기도 했고 꼭 필요한 부분에 대해 진심 어린 조언을 나눴다. 저마다의 스토리를 함께 만들어 나가는 소중한 만남의 무대이자 서로 이해하는 공감의 시간이라는 긍정적인 평가를 받았다.

처음 모임을 기획할 때 담아내고 싶었던 많은 부분을 실현하기 위해 동분서주하며 애정을 쏟았다. 아쉽게도 모임은 7개월 동안만 진행됐다. 지금도 가끔 그 당시 참석했던 분들이 M클럽을 언제 다시

하는지 물어 오곤 한다. 처음에 내가 계획하고 목표로 했던 것은 우리 모임이 50회, 100회까지 이어지며 함께하는 사람들이 저마다의 삶의 사연과 배경을 이해하고 공감하며 삶의 가치를 공유하는 다양한 만남의 장을 만드는 것이었다. M클럽이 기대했던 대로 오랫동안 유지되지 못하고 중간에 그만두게 된 데는 나름의 사연이 있었다. 그 사연과 배경을 분석해보면 소중한 교훈을 얻을 수 있다.

AAR에 비추어 M클럽이 오랫동안 운영되지 못했던 사유를 생각해보면 잦은 강의 일정과 완벽하게 준비하려는 욕심이 크게 앞섰기 때문이다. 또한 적절한 체력 안배와 자기관리에도 소홀했다. M클럽을 그만할 수밖에 없었던 가장 결정적인 이유는 그 해 7월에 예상치 못했던 후방 추돌 사고의 후유증이 남아 있는 상태에서 좋아하는 일을 손에 놓지 않으려는 욕심이 컸기 때문이다. 체력이 바닥나면 하고자 하는 의지는 꺾이고 열정의 불씨도 꺼진다. 건강을 과신했던 탓에 모임을 지속하기 어려운 지경에 이르렀다.

기대했던 대로 M클럽이 지속되지는 못했다. 처음으로 이런 모임을 운영하면서 보고 느낀 점이 많다. 하나의 모임이 성공적으로 운영되기 위해서는 참으로 많은 조건과 요인들이 하모니를 이뤄야 한다. 예를 들면 모임이 지향하는 목적과 가치, 여기에 상응하는 운영 내용과 방식, 참여하는 사람들의 적극적인 관심과 지원, 그리고 모임이 진행되는 장소와 시설 등이 유기적으로 조화를 이루어야 한다. 조건이 다 갖추어져 있어도 모임을 이끌어가는 주도자의 한결같은 의지와 열정이 뒷받침되지 않는다면 지속되기 어렵다. AAR모델에 비춰본 M클럽의 운영사례를 분석하는 과정에서도 나타난 문제점 중 한 가지는 모임 진행자의 체력관리 부실이 가장 컸다. 사람들이 생각해볼 때 체력관리가 모임의 성패를 가늠하는 결정적 기준이 될 것이라고는 여기지 않는다. 자신이 하고 싶은 꿈이나 달성하고 싶은 목적을 이루기 위해서 가장 소중하지만 소홀히 생각하는 문제가 바로 건강과 체력이다. M클럽 운영 경험을 통해 다시 한 번 체력관리의 중요성을 절실히 느꼈다. 원대한 꿈을 이루기 위한 노력과 더불어 매일 관심을 두고 지속적으로 실천해야 하는 습관이 바로 운동이라는 점을 깨달았다. 지난 M클럽을 운영한 경험과 교훈이 던져주는 시사점은 혼자 모든 것을 해내려고 하다가 오히려 꿈을 중도에 포기할 수밖에 없다는 깨달음이다. 이번 일을 계기로 그동안 관심을 갖고 참여해준 참석자들과 다시 한 번 나답게 소통하며 더불어 행복한 가치를 실현할 수 있도록 모임을 이어가려는 새로운 자세와 준비를 하고 있다.

4장

How Much

어떻게 나만의 길을 걸어갈 것인가

삶의 중심을 잡아주고 시류에 휘말리지 않고 꿋꿋하게 나만의 스토리를 만들어갈 수 있도록 도와준 동인이 바로 핵심가치다. 지금까지 핵심가치가 무엇이고 왜 핵심가치가 중요하며 어떻게 발견하고 실천할 것인지에 대해서 함께 생각해봤다. 4장에서는 나의 핵심가치인 도전과 열정, 진정성과 감사, 그리고 치유를 통해 남과 비교하지 않고 전보다 잘하기 위해 어떤 노력을 거듭해왔는지를 보여주려고 한다. 부끄럽지만 필자의 핵심가치를 기반으로 살아가는 스토리를 함께 생각해보는 이유는 이 책을 읽는 누구나 핵심가치를 중심으로 행복한 삶을 살 수 있다는 점을 보여주기 위해서다. 그 속에서 독자들도 작은 깨달음을 얻고 핵심가치대로 살아야겠다는 작은 희망과 바람이 생길 수 있기를 기대한다. 삶에서 핵심가치가 어떻게 실천되면서 나다움을 찾아 행복한 삶을 살아가는지 내가 만들어온 핵심가치 중심의 삶으로 여러분을 초대한다.

'전도'되기 전에
'도전'을 거듭하라

색다른 호기심으로 어제와 다른 도전을 즐기고 있는가

도전이야말로 인생을 흥미롭게 만드는 에너지이며 힘겨운 도전과
제를 해결하고 극복하는 노력이 인생을 의미심장하게 만든다.

　-조슈아 J. 마린

"편하게 좀 살아." "너를 보고 있으면 내가 다 지친다." "뭐 그렇게
하고 싶은 게 많아? 나이를 생각해. 한마디로 꿈 깨." 지인들에게 많
이 들어본 말이다. 『커뮤니데아』를 작업하고 있을 때도 "책은 연륜
에서 묻어나는 이야기들이 담겨 있어야 하고 더 많은 체험을 한 후
에 40대 중반쯤 됐을 때 쓰는 게 좋을 것 같아. 지금 너무 빠르지 않

니?"라고 했다. 히말라야 등반을 간다고 했을 때는 "나이가 30대 중반인데 체력적으로 거기 오르기에는 너무 어렵지 않을까?"라는 걱정과 염려로 가는 것을 만류하기도 했다. 부모님 역시 멀리 고생하러 간다는 생각이 들어서인지 만류하셨다. 그렇다. 새로운 시작과 도전을 할 때 나를 사랑하고 아끼는 사람들일수록 더욱 반대했다. 물가에 내놓은 어린아이처럼 불안하게 바라봤다. 내가 하고자 하는 도전들을 나이와 체력 그리고 주어진 상황과 여건 때문에 안 된다고 했다. 그들은 "너의 힘으로 견디기 어려울 거야." "괜히 도전했다가 상처받지 마."라는 말로 나에 대한 애정과 걱정을 동시에 표현했다.

하지만 나에게는 세상 모든 것이 호기심의 대상이고 성장의 발판이다. 해보고 싶은 것도 너무 많고 가고 싶은 곳과 이루고 싶은 것도 많다. 모두가 꿈이라고 했던 일들을 나는 '도전'이라는 핵심가치를 통해 차근차근 꿈이 아닌 현실로 만들어가며 한 발 한 발 성장하고 있다. 도전은 곧 성장을 위한 용트림이며 도약을 위한 발판이다. 도전을 멈추는 순간 성장과 도약도 멈춘다. 여행이 인생 자체였던 모험가이자 여행가인 앨버트 포델은 장장 50년에 걸쳐 세상에 나라로서 존재하는 196개국을 여행하고 『50년간의 세계일주』[12]을 썼다. 그는 그간의 파란만장한 모험과 여행에 대해 이렇게 회고한다. '많은 사건이 일어나지 않았다면 나는 분명 더 안전하고 더 편안하고 흰머리도 더 적게 났을 것이다. 하지만 나는 삶이 던져주는 고난, 불운, 모험을 받아들이고 최대한 활용해야 한다고 믿는다.' 끊임없는 도전을 통해 성장할 수 있었다는 그의 말에 나 역시 격하게 공감한다.

물론 '지금 여기서'의 삶이 안정을 가져다준다고 생각할 수도 있다. 지금 상태가 불편함이 없을 수도 있고 혹은 여러 가지 상황 때문에 새로운 변화나 도전이 두려울 수도 있다. 유별난 사람 취급을 받으며 요즘 말로 '관종'이라 보는 주위의 시선이 부담스러울 수도 있다. 나 역시도 '특이하다. 혹은 현실감이 떨어지는 것은 아니냐?'는 시선에서 자유롭지만은 않았다. 하지만 자기의식이 결여된 채 타인의 기준에 따라 어제와 똑같은 오늘을 사는 것은 더 불행하다. 에리히 프롬[13]은 이러한 모습을 '자동인형화'라는 개념으로 설명한다. 자동인형화란 무기력함과 무료함 속에서 자아를 상실한 개인이 남들의 기대에 따라 사는 것을 의미한다. 각자의 나다움을 발현하지 못하고 자동인형화된 모습으로 남들처럼 산다면 행복할 수 없다.

그렇기에 가슴이 뜨겁게 반응하는 무언가가 있다면 도전하라. 도전을 멈추는 일은 곧 나에게 죽음과도 마찬가지이다. 성장의 발판이자 도약의 디딤돌인 도전은 살아 있는 한 미지의 세계에 대한 호기심과 더불어 나를 그곳으로 인도하는 뜨거운 에너지다. 도전은 타인과 구별되는 나다움을 찾는 여정이며 목표를 향해 매진할 수 있도록 힘을 실어주는 에너지 공급원이다. 꿈만 꾸고 도전을 멈추는 것도 문제지만 도전할 꿈이 없다는 것은 더 심각한 병이다. 사람은 나이가 들어도 도전을 멈추지 않고 지금 여기서 저기로 가보려는 무한한 호기심이 있어야 젊게 살 수 있다. 젊게 사는 비결은 현실에 안주하지 않고 끊임없이 미지의 세계로 도전하는 삶을 즐기는 것이다.

꿈이 없으면 아무것도 시작하지 못한다.

노력하지 않으면 아무것도 마치지 못한다.

결국 당신에게 상이 돌아가지 않을 것이다.

-랄프 왈도 에머슨

누구나 가슴속에 뜨거운 불씨 하나 정도는 가지고 있지 않은가? 시도해보지도 않고 스스로 그 불씨를 꺼트려서는 안 된다. 나는 꿈을 꾼다. 당장 이루지 못한들 어떠하리. 간절히 바라고 노력하다 보면 꿈은 어느새 현실 가까이에 다가와 있는 경험들을 숱하게 해왔다. 그래서 나는 꿈을 믿는다. 꿈에 들어맞는 방식으로 살기 위해 노력한다. 무엇을 꿈꾼다는 것은 그것을 이루기 위해 행위하며 사는 것이다. 다른 말로 무엇을 이해하고 있다는 것은 그것을 이해한 바대로 행위하며 사는 것을 의미하지 않는다. 이 두 가지가 아무런 노력 없이 이어진다는 것은 착각이며 깊은 낭떠러지로 떨어지는 위험을 초래한다. 머리로만 바라고 이해하는 차원이 아니라 꿈을 내면화해서 행동과 혼연일체를 이룰 때 도전은 진정으로 빛난다.

꿈은 몸으로 꿀 때 비로소 현실로 구현된다. 꿈이 곧 행동으로 연결될 때 꿈은 더 이상 이상이 아니라 현실이 된다. 꿈과 행동의 혼연일체는 철학자 키에르케고르가 역설하는 '복제複製'를 수행하는 일이다.[14] 복제는 지식과 실존을 일치시키는 분투노력과 같은 맥락이다. 꿈을 현실화하기 위해 행동하고 실천하면 꿈과 현실은 혼연일체가 된다. 지식과 실존이 일치되도록 복제하는 과정을 '점유화占有化'

라고 한다. 주체에게 점유화된 지식만이 '진리'로 받아들여질 수 있다. 도전이라는 가치도 관념적으로 생각하는 추상명사에서 구체적인 행동으로 옮기는 동사로 전환될 때 꿈은 비로소 점유화돼 결실을 본다. 몸을 움직여 지금 여기서 저기로 도전하는 구체적인 행동이 수반될 때 도전은 막연한 꿈이 아니라 현실이 된다. 다양한 도전을 하면서 몸으로 꿈을 꾸다 보면 어느새 내 몸이 나의 꿈을 안다. 몸이 꿈을 만나는 순간 몰입이 시작되고 열정이 발휘된다. 나는 꿈을 꾸고 도전하면서 꿈만 같았던 도전을 현실로 만들어왔다.

강사의 꿈을 부모님께 말씀드렸을 때가 생각난다. 그때만 해도 기업을 비롯해 각종 기관 단체에서 강연이 활성화돼 있지 않았다. 내 주변에도 강사를 업으로 가진 사람이 거의 없었다. 힘들게 자리 잡고 회사에 다니고 있는데 안정된 직장을 나와 생소한 강사의 길을 간다고 말씀드렸을 때 부모님은 적잖이 당황하셨다. 물론 염려하는 마음에서 나온 부모님의 애틋한 사랑의 표현이라는 것을 잘 안다. 친구들의 반응도 힘이 되지는 않았다. "네가 사람들 앞에서 이야기하는 강사가 된다고? 쉽지 않을 텐데……." "그게 돈이 되나? 안정적인 건 아니잖아. 좀 걱정된다. 정 하고 싶으면 한 번 해봐."라며 미온적인 태도로 조언했다. 사랑하는 딸이 혹은 가까운 친구가 미래가 보장되지 않은 길을 간다고 했을 때 찬성할 사람은 그리 많지 않았다.

그 당시 나는 내 선택에 확신이 있었다. 지인들의 말이 내가 내릴 결정에 영향을 주지 않았다. 소위 요즘 말로 '답정너', 답은 정해져 있고 너는 대답만 해. '누가 뭐래도 나는 이 길을 갈 거야. 그러니 너는 나를 응원해줘.' 이런 마음이었다. 내가 꿈꾸는 대로 생각했고 생각한 바를 행동으로 옮기는 와중에도 끊임없이 스스로에게 주문을 걸었다. 불확실한 미래를 향해 걸어가기에 더 가슴 뛰는 삶이 아니겠는가. 내가 강사의 꿈을 꾸었을 때 주변 사람들의 충고나 조언을 듣고 주저앉았다면 어떤 일이 발생했을까를 상상해보면 불 보듯 뻔하다. 여전히 현실에 대한 강한 불만과 주변 사람들에 대한 불평으로 일관하며 신경질적인 삶을 살아가고 있을 것이다.

나는 도전을 했고 결심을 더욱 확고히 하기 위해 지속적으로 '나는 강의가 하고 싶고 강사가 될 수 있을 거야.'라는 말을 되뇌며 행동으로 옮겼다. 그리고 원하는 꿈을 이루게 됐다. "말과 행동이 업이 돼 결과를 이룬다.[15]" 법정 스님의 말씀이다. 말과 행동이 씨가 돼 마침내 말하고 생각하며 행동한 대로 꿈을 이룬 것이다. 프랑스의 심리학자 에밀 쿠에는 "입버릇처럼 말하는 것은 자율신경계에 자동으로 입력되고 인간의 몸은 입력된 그대로 실현하려 하므로 좋은 경험을 맛보기 위해 비슷한 상황을 만들어내려 한다."라고 주장했다. 내가 원하는 것을 성취할 수 있었던 동인 중 하나가 꿈을 입버릇처럼 말하고 다니면 말한 대로 행동으로 옮겨져 마침내 꿈이 현실로 구현된다는 일종의 '입버릇 이론' 덕분이라 생각한다.

책을 쓰고 싶다는 꿈을 누군가에게 이야기했을 때도 마찬가지였다. 한 마디로 "꿈 깨!"라는 말을 들었다. "책은 아무나 쓰는 게 아니야. 그리고 네가 그 분야의 전문가도 아니고 관련 학위도 없는데 누가 너의 글을 읽을까? 괜한 고생 하지 마."라고 말이다. 꿈으로 가는 길에는 주변의 충고들이 길목을 지키고 있다가 발목을 잡는다. 물론 진심으로 염려하고 아끼는 마음에서 하는 충고라고 믿는다. 만약 내가 책을 쓰겠다는 꿈을 지인들의 충고나 시기하고 질투하는 사람들의 험담과 비난. 그리고 조소와 조롱에 굴복해 포기했다면 아직도 책을 쓰려는 엄두도 못 냈을 것이다. 베스트셀러『무조건 행복할 것』의 작가인 그레첸 루빈은 "세상에 출간된 불완전한 책이 내 컴퓨터를 떠나지 못한 완벽한 책보다 낫다"고 말했다. 그녀의 말처럼 불완전하고 미진하더라도 나는 내가 하고 싶어 하는 일, 내가 해서 즐거운 일을 하며 최선을 다했다. 그 덕분에 책을 낼 수 있었고 또 이렇게 글을 쓴다. 좋아하는 일에 도전하고 인생을 과감히 투자하는 사람이 행복한 사람이다. 그 기준에서라면 나는 확실히 행복한 사람이 맞다. 도전이 소중한 점은 결과와 관계없이 도전하는 과정에서 생각지도 못한 깨달음을 얻는다는 점이다. 설혹 도전에 실패했다고 할지라도 도전을 하지 않고 생각만 하는 것과는 천지차이다. 그만큼 많은 것을 배울 수 있다

책을 쓰려고 도전하면서 성장할 기회를 만들었다. 한 줄씩 채워나가다 보니 어느새 한 장의 글이 완성되고 그것들이 모여 한 권의 책이 되기까지 숱한 나날을 뜬눈으로 지새웠다. 책에 대해 치열한 고민을 하다 보니 원형 탈모까지 겪었다. 그렇게 첫 작품을 완성하고 지금도 글을 쓰고 있다. "나는 부족한 사람이니 지금 책을 쓰는 건 시기상조야."라고 도전하지 않았다면 여전히 계속 꿈만 꾸는 실행력 제로의 사람으로 남아 있을지도 모른다. 글을 쓰면서 부끄러운 순간

을 마주하고 한없이 작아지는 나를 느낄 때가 많다. 그럴 때면 "인식에 이르는 길 위에서 그렇게 많은 부끄러움을 극복할 수 없다면 인식의 매력은 적을 것이다"[16]라는 니체의 말에 힘을 얻는다. 부끄러운 순간을 극복하고 한 번의 도전에서 얻은 교훈을 밑거름 삼아 앞으로도 글을 쓰고 생각을 언어로 표현하는 도전을 멈추지 않으려 한다.

가속페달에서 발을 떼면 차가 에너지를 못 받고 멈추는 것처럼 나역시도 도전을 통한 에너지를 받지 못하면 무더위에 늘어져 맥을 못추는 사람처럼 뒤처질 것이다. 꿈이 있는 사람은 꿈같은 소리를 한다. 경험에 비춰봤을 때 꿈같은 소리를 하다가 언젠가는 그 꿈을 이뤄낸다. 프랑스의 정치가이며 소설가인 앙드레 말로 역시 "오랫동안 꿈을 그리는 자는 마침내 그 꿈을 닮아간다." 하지 않았는가? 설사 꿈을 이뤄내지 못하더라도 그 길을 걸어본 것만으로 많은 것을 얻는다. 그 속에는 고난, 역경, 어려움도 있을 수 있다. '스스로 선택한 짐은 무겁게 느껴지지 않는다'는 서양 속담처럼 도전 속에서 오히려 삶의 의미를 찾고 많은 에너지를 얻는다. 도전을 꿈꾸고 실현하면서 보람과 가치를 창조하는 사람은 현실에 안주하는 삶이 가장 불행한 삶이라고 생각한다. 도전을 해봐야 비로소 내가 좋아하는 일이 무엇인지를 몸으로 알 수 있고 한계를 깨달을 수 있다. 도전은 내 생각의 한계를 몸으로 증명하는 과정이다. 생각의 한계는 생각만으로 알 수 없다. 몸이 동반되는 도전 체험만이 내 생각의 한계를 알게 한다.

도전하기 위해서는 나이와 상황에 얽매이지 말아야 한다. 육신은 영혼이 쓰고 있는 껍데기이며 잠시 빌려 입고 있는 옷이다. 대부분 사람은 조금만 나이를 먹으면 성장이 멈춰버리는 병에 걸린다. 여러 가지 상황 탓을 하며 성장 가능성과 잠재력을 스스로 가둔다. 뇌성 마비를 앓고 있는 아들의 꿈을 이루기 위해 철인 3종 경기에 출전한 아버지의 이야기를 그린 팀 호이트 부자의 감동 실화를 담은 영화 「땡큐, 대디」를 보면서 다시 한 번 도전에 대해 생각했다. 모두가 불가능이라 했던 도전, 하지만 그 아름다운 도전을 통해 아버지와 아들의 얼어 있던 관계가 따뜻하게 안아주는 관계로 전환되며 가족의 사랑을 확인하는 계기가 된다.

우리는 자연스러운 들숨과 날숨을 가진 것만으로도 행복한 사람이고 무엇이든 도전할 수 있다. 도전하고 탐구하는 노력이 끝나면 늙음과 죽음이 시작된다. 온전한 사지를 가졌음에도 일찌감치 틀에 갇힌 채 불완전한 모습으로 인생을 산다. 심장에 가만히 손을 대보라. 달리고 시도하고 도전하고 싶은 마음이 느껴질 것이다. 도전은 잠자고 있는 영혼에게 보내는 충동질이다. 지금 여기서의 삶보다 더 아름답고 행복한 미지의 세계가 있음을 몸으로 확인하는 과정이 도전이다. 도전은 지루했던 삶에 활기를 불어넣고 우울한 삶에서 벗어날 수 있는 희망의 전조등이다.

육신이란 영혼이 잠시 빌려 입고 있는 옷일 뿐인데 우리는 너무나 많은 가능성을 나이라는 틀 안에 가둔다. 무슨 일이든 새로운 도전을 할 때 우리의 발목을 잡는 것이 바로 나이다. 강사가 되겠다고 마음먹었을 때 두 가지 고민이 있었다. 첫 번째는 회사에 교육 관련 부서나 CS 강사팀에 들어가기에 나이가 너무 많다는 것이었다. 두 번째는 경력 없이 처음부터 프리랜서 강사로 강의하기에는 굶어 죽기 십상이라는 거였다. 너무 나이가 많아서 안 되고 너무 경력이 없어서 힘들 것 같다며 모두가 안 된다고 했다. 이 또한 내가 극복해야 도전이라 생각했다. 안 되면 될 때까지 하리라는 각오로 프리랜서 강사로 부딪쳤다. 부딪치지 않고 안정적인 직장에 머물러 있었다면 지금처럼 가슴 뛰는 삶을 살지 못했을 것이다.

사표를 냈지만 부모님께 말씀드리지 않았다. 시간 맞춰 출근하고 퇴근에 맞춰 집으로 들어오는 생활을 반복했다. 회사에 간 것이 아니라 강사가 되기 위한 준비를 시작한 것이다. 하고 싶은데 방법을 몰라 포털사이트 검색창에 '강사 되는 방법'을 검색했다. 관련 교육 기관 중 한 군데 전화를 하고 바로 등록했다. 아카데미를 다니면서 그날 배운 교육은 복기하듯 똑같이 만들어보는 것부터 시작했다. 뚜렷한 목표 덕분이었을까 아카데미 수료하기 전 수료 후 강의할 수 있겠느냐는 제안을 받았다. 위기의식과 목표의식이 더 또렷해지고 강사평가 안 나오면 강사료 받지 않겠다며 초 강수를 두고 강의를 했다. 강사료가 많고 적은 것은 문제가 되지 않았다. 일 자체에 기쁨을 느끼면서 열심히 했다. 내가 선택한 길이기에 고난과 역경이 와도 힘들지 않았다. 오히려 강하게 단련시켜주는 감사한 일이라고 생각했다.

셀프리더십, 이미지 메이킹, 비즈니스 매너, 커뮤니케이션, 잡 스트레스 관리, 불만고객 응대, 보이스 컨설팅까지 "뭐든지 맡겨만 주시면 할 수 있습니다."라는 배수의 진을 치는 자세로 임했다. 전문 분야가 없었다. 나만의 색깔이 없었다. 그런 것에 대한 개념 자체도 없었다. 강의할 기회가 주어짐에 감사했고 주어진 것은 무조건 해내야 한다는 마음에 잘할 수 없었음에도 강의를 진행하는 상황이었다. 다른 사람과 비슷한 정도의 재능은 다른 말로 무능하다는 것이다. 뭐든지 해낼 수 있다는 말은 나만의 고유함이 없다는 말이다. 특별히 잘하는 게 없다는 말이 비수처럼 가슴에 꽂혔다. 그때부터 나만의 컬러를 찾기 위해 재미있으면서 잘할 수 있는 일을 찾아 나섰다.

내가 잘할 수 있는 전문성이 무엇인지 알아내기 위해 지인들에게 물어봤다. 어떤 분야의 강의를 하면 내가 잘할 수 있을까? 내면을 들여다보고 치열하게 고민했어야 하는 문제를 타인에게 물어본 것 자체가 실수 아닌 실수였다. 답을 내 안에서 찾지 않고 밖에서 찾았다. 문제의 원인이 내 안에 있는데 답을 밖에서 찾으려고 했으니 답을 찾는 과정 자체가 문제투성이였다. 주변에서는 기업체 강의하기에는 어린 편이니 리더십이나 커뮤니케이션 쪽은 힘들 것 같고 이미지와 비즈니스 매너 쪽의 접근이 좋을 것 같다는 조언을 해주었다. 나의 전문성이나 가능성 또는 재능을 보고 조언을 준 것이 아니라 나이에 걸맞고 지금 당장 기업에 통할 수 있는 표면적 처방전을 받은 셈이다.

나는 그 조언을 받아들이고 이미지 컨설턴트를 양성하는 기관에서 교육을 받았다. 6개월가량의 교육을 수료한 후 여러 기업체에서 이미지 강의를 하게 됐다. 강의를 하면 할수록 나와 맞지 않는 강의를 하는 것 같다는 생각에 행복하지 않았다. 불편함이 느껴졌다. 호감을 주는 외모 강의는 남녀노소, 직업군과 관계없이 누구나 관심 있게 듣는 분야다. 강의의 집중도 높고 강사 평가도 높게 나온다. 콘텐츠 자체의 경쟁력도 있었고 누가 강의하더라도 리스크가 없는 내용이다. 수요가 많고 안정적인 이미지 관련 콘텐츠가 나에게는 매력적으로 다가오지 않았다. 남들은 좋아하지만 나는 별로 몰입하지 못하고 열정을 불태우지 못하는 강의 콘텐츠였다. 진정한 행복은 남에게 보여주기 위한 것이 아니라 내가 행복한 느낌을 받을 때 다가온다는 것을 알게 됐다.

방황 끝에 나는 원점으로 돌아가는 길을 선택했다. 도전이라는 핵심가치대로 생각하고 행동하기고 결심했다. 과거의 편안함과 익숙함에서 벗어나 새롭게 시작해보자는 마음이 자리 잡았다. 이미지 컨설턴트로의 길을 가는 대신 진심으로 내가 원하고 내가 잘할 수 있으며 그 속에서 즐거움을 찾을 길을 걸어가기로 했다. 그러던 중 스트레스와 힐링에 관한 강의를 하거나, 영화를 보거나, 책을 읽을 때 무엇보다도 집중할 수 있었고 행복했던 것이 생각났다. 힐링에 관한 자료를 수집하고 편집하며 강의안을 만드는 과정에 집중하고 몰입하는 즐거움을 맛보았다. 좋아하는 일은 책상에서 머리로 알 수 없음을 실감했다. 정확한 이유를 알 수 없지만 내가 하면 신나는 일은 몸이 먼저 반응을 보인다는 것도 당시에 알게 된 소중한 교훈이다.

나는 '힐링 프로듀서'라고 SNS 메인에 네이밍하고 블로그에 포스팅을 할 때도 이메일을 보낼 때도 힐링 프로듀서를 알리면서 내 브랜드와 이미지를 구축했다. 누군가 많이 알아봐주길 원하는 마음보다는 힐링과 소통을 통해 더불어 행복한 길에 관한 내용을 청중들에게 전달하고 싶은 나만의 바람이었다. 그런 바람이 자연스럽게 청중들에게도 전달돼 내가 추구하는 이미지를 통해 전달되는 메시지가 더불어 행복한 사람과 사회를 만들어나가는 데 일조하기를 바랐다. 사람들이 지친 몸과 마음에 여유와 쉼표를 주고 싶었고 따뜻한 위로를 전해주고 싶었다. 그렇게 강의를 시작한 지 이제 9년이 됐다. 힐링 프로듀서로 상표등록도 했다. 방송국에서 힐링 전문가로 섭외연락도 온다. 어렵게 찾은 나의 브랜드 네임, 힐링 프로듀서로 비로소 세상에 나의 이름을 알리기 시작했다.

도전을 통해 나만의 브랜드 스토리와 히스토리를 만들고 나만의 길을 걸어가기 위해 오늘도 어제와 다른 도전을 한다. 누군가를 닮아가면서 남들처럼 살아가려고 노력하는 것이 아니라 내가 하면 신나는 일을 하면서 누구와도 비교할 수 없는 길을 걸어가기 위해 오늘도 도전을 멈추지 않는다. 여행도 편안한 휴양지보다는 도전과 성취를 느낄 수 있는 히말라야 등반을 선택하고 홍콩의 야경보다는 킬리만자로의 야생을 원한다. 도전이라는 가치 덕분에 주저 없이 떠날 수 있었던 히말라야 안나푸르나 베이스캠프까지 등반했던 여정이 남다른 감회로 다가온다. 네팔은 시간이 멈춘 듯 너무나 평화롭고 조용한 곳이다. 천사 같은 동심이 담긴 아이들의 눈망울과 때 묻지 않은 현지인들의 모습이 지금도 눈에 선하다.

히말라야 원정대를 모집한다는 이야기를 듣고 0.00001초도 고민하지 않았다. 내 가슴이 뜨겁게 반응하고 있었다. '아, 이건 무조건

가야겠다'는 마음으로 바로 신청했다. 팀원들에게 피해를 주면 안 된다는 생각에 등산을 꾸준히 하며 체력을 단련했다. 히말라야 산행 당시 하루 평균 8시간을 걸었다. 가장 많이 걸은 날은 새벽 3시에 기상해서 13시간을 걸었다. 새로 장만한 등산화가 발에 맞지 않아 발이 온통 물집이 잡혔다. 물집이 터져 살이 쓸리는 고통이 밀려왔다. 하지만 멈출 수 없었다. 묵묵히 한 발 한 발 걸었다. 무릎 통증도 나를 괴롭혔다. 자고 일어나도 추위에 한껏 웅크린 탓에 뻣뻣한 목각 인형이 된 듯 어기적어기적 몸이 풀리지 않았다. 게다가 3,500미터 이상에서부터는 고산증이 찾아왔다. 깨질 듯 머리가 아팠다. 소화도 되지 않고 잠도 오지 않았다. 포기하고 싶은 상황의 연속이었다. 춥고 힘들었지만 무심코 올려다본 하늘에서 쏟아지는 별빛에 위안을 받았고 폐부를 찌를 듯 차가웠지만 청정한 자연 그대로의 맑은 공기가 지친 내게 힘을 실어주었다. 덕분에 포기하지 않고 마침내 4,130미터 안나푸르나 베이스캠프 등반에 성공했다.

안나푸르나 베이스캠프에 오른 당시의 장면을 떠올리면 아직도 가슴이 뛴다. 나는 그때 생각했다. '아, 앞으로 나는 못 할 일이 없겠구나!' 물론 많은 사람이 히말라야 등반을 한다. 그게 무슨 도전이냐고 말할 수도 있다. 같은 경험을 하더라도 사람마다 그 경험을 통해 전달받는 울림의 크기와 폭이 다르다. 누구나 히말라야 안나푸르나를 꿈꾸지만 저마다의 이유가 있어서 직접 실행에 옮기지 못한다. 생각만 할 뿐 과감하게 도전장을 내밀지 못한다. 어떤 이에게는 바쁜 일상을 접어두고 열흘 이상의 시간을 빼서 여행을 간 것 자체가 도전이 된다. 나 역시 히말라야 산행은 대단한 결심이 필요한 일이었다. 프리랜서로 일하는 강사는 소속이 없다. 일하지 않으면 수익이 생기지 않는다. 한 달에 2주가량의 시간을 빼서 히말라야 행을 결심하기에는 엄청난 경제적 무리가 따랐다. 그럼에도 가슴으로 느낌이 왔기에 도전했다. 그렇게 저지르지 않으면 안 가도 되는 핑계와 이유가 자리 잡게 된다.

　강의를 시작하면서부터 자리를 잡기 위해 쉴 새 없이 달려왔다. 하나라도 더 배우고 채우기 위해 주말도 없이 교육을 듣고 자기계발에 노력을 기울였다. 바쁘게 사는 것에 익숙하게 바이오리듬이 맞춰진 터라 산속에서 외부와 연락이 닿지 않은 채 시간을 보내야 한다는 것도 스트레스로 다가왔다. 추위를 유독 많이 타는 내게 난방도 전기도 온수도 없는 산속에서의 시간은 두려움이었다. 산속에 있는 동안 샤워는 물론이고 머리를 감는 것도 세수하는 것도 불가능하다는 이야기를 듣고 잠시 망설였다. 깔끔함을 지나치게 추구하는 성격은 아니지만 8일 정도 씻지 않고 살아본 경험이 없기에 말이다. 하지만 이렇게 생각했다. 세상에서 가장 먼 여행이 머리에서 가슴으로 하는 여행이고 가슴에서 행동으로 연결되는 여행이라는데 일단 가슴이 반응했으니 무조건 도전하자! 자연인으로 돌아가는 도전을 해보자! 그렇게 히말라야의 안나푸르나는 내 안의 잠자는 도전 욕망을 부추기기에 충분했다.

　포카라에서 히말라야 등반지로 출발한 첫날부터 만만치 않았다. 하루 8시간을 험준한 산을 올랐다. 설상가상으로 눈까지 내려 엄청난 체력이 소모됐다. 온몸이 땀으로 젖었으나 씻는 것이 불가능해 물티슈로 세안하는 찝찝함을 견뎌야 했다. 기능을 상실한 전화기를 바라보면서 답답함을 느꼈다. 전기 없는 생활이 불편하기도 했고 신발에 묻은 눈이 자고 일어나도 그대로 얼어 있는 추위를 견디는 것도 고통스러웠다. 하지만 누군가에게 등 떠밀려온 곳이 아니라 스스로 선택한 길이기에 말과 행동에 책임을 져야 했다. '도전하려면 제대로 해야지! 이 정도쯤이야.'라며 웃어넘겼다. 숨이 턱까지 차오르고 다리의 감각이 무뎌질수록 또렷해지는 정신력으로 힘을 냈다.

그동안 소원했던 자신과의 대화도 가능해졌다. 휴대전화를 멀리하니 자연이 보이고 일행의 이야기가 들리고 나를 마주하게 됐다. 히말라야 등반은 단순히 극기를 위한 도전이 아닌 내가 나를 찾고 내면의 힘을 길러올 수 있었던 경이로운 경험이었다. 이 느낌을 나만 가지게 된 것이 아니라 일행의 대부분이 같은 말을 했다. 산을 오르는데 왜 이렇게 눈물이 나는지 모르겠다고. 그들도 아마 잊고 있던 내면의 소리를 들었기 때문이 아닐까 생각한다. 우리가 더 행복해지려면 어제와 다른 도전을 계속하고 낯선 자신과 마주칠 필요가 있다. 도전은 밖으로 나가는 여행이라기보다 내 안으로 파고드는 자기 정체성의 발견과정이다. 밖으로 떠났지만 결국 안으로 들어가 나를 만나는 과정이 여행이자 도전이다.

도전하지 않으면 도태된다. 이미지 관련 공부를 할 때 이미지 쪽으로 여러 권의 책을 내고 아카데미를 운영하는 대표님의 강의를 들은 적이 있다. 방송활동도 많이 하고 이름만 대면 누구나 알 만한 강사다. 청중 한 명이 강의 중에 큰 소리로 "10년 전에 대표님 강의를 들었는데 참 변함이 없으시네요."라고 말했다. 한결같이 좋다는 뜻이었을까? 아니다. 그때와 똑같은 흐름과 하나도 발전되지 않은 슬라이드, 발전 없는 사례를 꼬집어 말한 것이다. 강사의 얼굴이 빨갛게 달아오르고 강의 분위기는 손쓰기 어려울 정도로 망가졌다. 그때 나는 멈춰 있는 고인 물이 아닌 흐르는 물이 되리라 결심했다. 더디더라도 조금씩 흐르며 정체되지 않는 맑은 물이 되고 싶었다. 새로운 도전을 통해 나만의 이야기를 만들고 그 경험에서 묻어나는 체험적 이야기로, 순수한 나의 도전 스토리를 만들고 싶다. 엉뚱하고 혹은 위험해 보일 수 있는 도전을 즐기는 이유도 지금 여기에서의 편안한 삶에 안주하려는 나의 타성에서 벗어나기 위함이다.

도전하다 보니 알게 된 사실이 하나 있다. 끊임없는 도전으로 에너지를 받기 위해서는 우선 체력을 길러야 한다. 체력이 곧 마음력이다. 생각과 감정을 움직일 수 있는 뿌리가 몸이다. 몸을 잘 돌봄으로서 우리가 원하는 생각과 감정을 더 쉽게 조절할 수 있다. 체력이 뇌력이고 행동력이다. 새로운 도전을 하기 위해 누구보다도 체력을 단련하고 몸을 만들어 화보를 찍을 정도로 운동을 즐겼다. 몸이 따라주지 않으면 마음도 따라오지 않는다. 도전을 즐기고 열정적으로 뭔가에 몰입하기 위해서는 먼저 체력이 뒷받침돼야 한다. 체력 없는 도전은 무모한 행위일 뿐이다.

지금까지 몇 번의 크고 작은 교통사고를 경험했다. 2014년 6월에 일어난 교통사고는 몸과 마음에 깊은 상처를 남긴 기억하고 싶지 않은 사고다. 당시 앞서 가던 SUV 차량이 갑작스레 브레이크를 밟았다. 즉시 제동을 했지만 내리막이라 자동차가 밀리면서 그대로 충돌했다. 그 사고로 목과 허리 부분에 엄청난 충격을 받았다. 다행히도 뼈나 신경에 손상이 간 건 아니었지만 눈에 보이는 상처가 없다고 해서 괜찮은 게 아니었다. 열심히 치료를 받아야 하는 상황이었다. 역시나 사고가 나고 이틀 후부터 목을 가누기 어려울 정도의 통증이 밀려왔다. 당장 병원에 입원해야 할 상황이었지만 강의를 취소할 수가 없어 그 몸으로 일단 아버지 차를 운전하고 강의장으로 향했다. 남산 1호 터널이 막혀 터널 안에서 멈춰 있는데 갑자기 엄청난 충격이 전해졌다. 광역버스 기사님이 핸드폰을 보다가 차를 들이받은 것이다. 3일 만에 두 번째 사고를 당한 탓에 정신이 하나도 없었다. 그 당시 충격으로 성치 않은 목 부분이 크게 반동하며 핸들에 머리를 세게 부딪쳤고 왼쪽 손목 삼각연골이 파열이 됐다.

연이은 사고로 나는 목, 허리, 그리고 손목을 가누기 어려울 정도로 상태가 안 좋아졌다. 좋아하는 운동도 할 수 없었고 가만히 누워만 있어도 극심한 통증으로 괴로웠다. 4개월 이상 경직된 근육들이 풀리지 않아 급격히 스트레스를 받고 살이 빠졌다. 무엇보다 몸의 에너지가 소진되니 좋아하는 공부도 일하는 것도 무의미해지고 시간만 나면 드러눕기 바빴다. 무언가에 도전하는 건 정말 꿈이 됐다. 심신상관이라 하지 않는가? 몸과 마음은 서로 상화작용을 하는데 몸의 에너지가 원활히 순환되지 않으니 아무리 좋아하는 사람들을 만나도 산해진미가 내 앞에 있어도 그 어떤 위로도 되지 않고 의미도 없었다.

　드라마 「미생」에 이런 대사가 나온다. "후반에 무너지는 이유, 데미지를 입은 후 회복이 더딘 이유, 실수한 후 복구가 늦은 이유, 모두 체력이 약해서이다." 맞다. 내가 경험해보니 끊임없이 도전하고 새로운 과업을 달성하기 위해 가장 기본이 되는 것이 체력이다. 체력이 약하면 빨리 편안함을 찾게 된다. 승부 따위는 안중에도 없어진다. 집중력을 기대하기도 어려워진다. 아무리 정신력이 강하다 해도 체력이라는 외피 없이 정신력으로 버티는 데는 한계가 있다.

　건강한 신체성을 바탕으로 끊임없는 도전을 통해 경험으로 배우는 통찰력을 기르고 사유의 폭을 넓히는 즐거움을 이 글을 읽는 많은 사람이 느꼈으면 하는 마음이다. 나태해지거나 안주하고 싶고 한없이 나락으로 빠져들 때 도전이라는 핵심가치가 없었다면 쉽게 포기하고 나약해졌을 나를 성찰해보았다. 지금 힘들고 지친 삶 속에서도 도전을 꿈꾸는 사람들에게 나의 핵심가치인 도전을 통해 깨달은 이야기가 조금이나마 도움이 됐으면 한다.

　내 인생을 바꾼 첫 번째 별. 도전 덕분에 나는 오늘도 조금씩 성장하고 성숙해지고 있다. 꼭 대단한 도전만이 한 사람의 성장과 성숙을 보장하는 것은 아니다. 도전이 우리게 던지는 소중한 메시지는 익숙한 여기서 낯선 저기로의 여행을 떠나지 않는다면 어제의 나와 다른 나로 거듭나는 변신이 불가능해진다는 것이다. 익숙한 습관과 타성에서 벗어나 어제와 다른 체험적 도전을 즐기는 가운데 나 자신도 부단히 변신을 거듭하는 것이다. 도전을 멈추는 순간 우리 삶도 거기서 멈춘다. 작은 도전이라도 멈추지 않고 반복할 때 생각지도 못한 변화를 경험할 수 있다.

열정을 다해
정열적으로 삶을 즐겨라

불굴의 의지로 최선의 노력을 경주하고 있는가

●

열정 없이 사느니 죽는 게 낫다.

-커트 코베인

열정熱情의 열熱은 '더울 열' 자로 뜨거운 기운이 물체 안으로 들어가 물리 화학적으로 반응하여 열을 내는 것이다. 정情은 '마음의 작용'으로 사람들이 어떠한 대상에 대해 느껴지는 마음을 의미한다. 다시 말해 열정은 어떤 대상에 정情을 쏟으며 집중하고 뜨거움을 느끼는 마음이다. 뜨거운 정이 사람에게로 향하든 자신이 추구하는 목표로 향하든, 열정은 뭔가를 해내고야 말겠다는 불굴의 의지를 지칭한다. 열정이 없는 사람은 표정부터 힘이 없고 의욕이 보이지 않는다. 열정이 넘치는 사람은 곁에만 있어도 그 에너지가 온몸으로 전해질 정도로 뜨거운 기운을 갖고 있다. 폐부 깊은 곳을 휘저어가며 힘을 내서 무언가에 마음을 다해본 경험이 있는가? 열정은 삶을 이끌어가는 추진 동력이자 의욕을 북돋우는 동기다.

열정이 있으면 강한 동기부여가 생긴다. 강하면 강할수록 열정의 강도 역시 상승하는 선순환이 이뤄진다. 열정 덕분에 사람은 뚜렷한 목표를 세워 흔들리지 않고 목적지에 이른다. 열정이 있는 사람들은 결과를 보고 달려가지 않는다. 결과와 상관없이 최선의 노력을 다하며 과정마다 발걸음마다 온몸의 에너지를 집중하고 아름다운 불꽃으로 자신을 피워낸다. 열정으로 충만한 사람은 원하는 목적지에 다다르지 못해도 그것을 끝이라고 생각하지 않는다. 열정을 기반으로 목표를 추구하는 사람은 목표달성 결과보다 과정을 중시한다.

사람에게 있어 최고의 매력은 불타는 열정이 발현될 때 드러난다. 무언가에 흠뻑 빠져 집중해 있는 사람에게는 아우라가 느껴진다. 일의 성패에 집중하는 것이 아니라 과정의 소중함을 깨닫고 매사에 최선을 다한다. 열정을 가지고 어떠한 대상에 집중하다 보면 불가능해 보이거나 어려운 일도 어느 순간 이룰 수 있다. 열정이 있는 사람은 어려운 일도 즐겁고 기쁘게 해낸다. 이러한 경험이 축적되면 될수록 더 많은 에너지가 생기고, 일의 성취로 자신감과 자존감이 향상된다. 그러면서 스스로를 더욱 사랑하게 된다. 사랑이 넘치다 보면 기운을 타인에게 전해주며 개인의 행복과 더불어 자신의 주변을 좋은 에너지로 물들인다. 열정적으로 몰입하며 행복한 삶을 추구하는 사람의 표정과 얼굴빛은 화장이나 변장으로 표현할 수 없다. 열정이 없는 상태를 위장해서 열정이 있는 상태로 보여주는 것은 불가능하다. 열정은 내면에서 우러나오는 에너지원으로서 한 사람을 더욱 건강하게 만들고 스스로를 아끼게 하며 다른 대상을 사랑하게 하는 원동력이기 때문이다. 나 역시 '열정'이라는 핵심가치를 발견한 이후 매사에 두려움이 앞서며 주저했던 일들을 더 즐겁게 해내고 성취하며 성장하고 성숙해졌다. 지금도 열정은 현재진행형이다. 열정은 한순간 발휘되고 목표를 이룬 다음 없어지는 결과가 아니라 목표를 갖고 지향하는 한 끊임없이 발휘되는 과정이다.

삶에서 열정이라는 가치를 기반으로 자기다움을 드러내며 살아가는 행복한 사람들이 있다. 자신의 영역에서 굳건한 자리를 지키며 타의 추종을 불허하는 이들은 공통으로 열정의 중요성을 연설 내지는 책을 통해 강조한다. 첫 번째 소개할 사람은 바로 스티브 잡스를 잇는 혁신가로 우뚝 선 제프 베조스다. 그는 세계 최대의 온라인 종합 쇼핑몰인 아마존의 CEO다. 딜레마 상황이나 변화가 필요한 시점에 망설임 없이 '후회최소한의 프레임'에 따라 판단하고 빠르게 결정해서 최선의 선택을 내리는 것으로 유명하다. 많은 사람이 선택의 순간이 오면 갈등하는 반면 제프 베조스는 열정이라는 핵심가치에 따라 선택의 기로에 직면할 때마다 빠른 결정을 내리며 과감하게 행동한다. '열정이 없으면 아무것도 할 수 없을 것이다.'라는 말로 열정의 중요성을 강조한다. 제프 베조스에게서 배울 수 있는 소중한 삶의 교훈은 열정이 딜레마 상황이나 가치 판단이 요구되는 의사결정 상황에서 망설임 없이 자기 소신대로 추구하는 중심가치라는 점이다.

같은 맥락에서 GE의 최연소 최고경영자가 돼 GE를 세계 최고 기업으로 성장시킨 잭 웰치에 대해서도 언급하지 않을 수가 없다. '최고의 경쟁력은 열정이다.'라고 말하며 퇴임까지 '경영의 달인' '세기의 경영인' 등 많은 별칭으로 불린 그는 한 방송 인터뷰에서 CEO가 지녀야 할 가장 큰 자질에 대해 묻는 질문에 망설임 없이 '열정'이라고 답했다. 잭 웰치는 리더들이 갖추어야 할 특징을 에너지Energy, 에너자이너Energizer, 에지Edge, 엑서큐트Execute, 소위 4E 리더십이라고 했다. 이것만 봐도 리더의 열정 에너지가 얼마나 중요한 덕목인지 알 수 있다. 제프 베조스와 잭 웰치의 공통점은 바로 열정이다. 열정은 일에 재미를 주고 희망을 주며 생각지도 못한 성취감을 맛보게 한다.

현재를 살고 있는 사람들뿐 아니라 우리의 선조 역시 존경받을 만한 업적과 성취를 남긴 비결에는 열정이 숨어 있다. 현재는 과거로부터 이어져 온다. 당시 지식인들의 삶을 돌아보며 많은 것을 깨닫게 된다. 도서관에서 자료를 검색하던 중 우연히 한양대 정민 교수가 쓴 『미쳐야 미친다』[17]라는 책을 보게 됐다. 책은 조선 시대 지식인들의 내면을 사로잡은 열정에 관한 내용을 담고 있었다. 책을 관통하는 키워드가 바로 제목에 직접적으로 언급된 '미쳐야 미친다'를 의미하는 불광불급不狂不及이다. 내가 핵심가치를 발견하고 찾기까지 '열정'이라는 단어만 보면 혹은 생각만으로도 심장이 뛰었던 느낌처럼 책은 나를 강하게 잡아당겼다. 정민 교수는 18세기 당대 조선의 지식인들이 마니아적 성향에 열광했다는 데 주목한다. 한 분야에 경지에 이른 사람들의 공통점은 주변을 의식하지 않고 자신이 하는 일에 열정적으로 몰입했다는 점이다. 한 시대를 열광케 한 지적이고 예술적인 성취 속에는 열정과 광기가 숨어 있다. 한 분야에 완전히 빠져서 미치지 않고서는 원하는 경지에 다다를 수 없다는 불광불급은 시대를 막론하고 우리 삶에 열정이 얼마나 중요한지를 알려주는 소중한 덕목이 아닐 수 없다. 옛 지식인들과 비교해봤을 때 여러 가지 상황은 좋아졌고 사용할 수 있는 기술도 풍부해졌지만 과연 우리는 하고 싶은 일에 얼마나 열정적으로 몰입하고 있는지를 반성해본다.

불광불급의 구체적인 사례를 살펴보자. 예를 들면 박지원, 박제가, 정약용, 허균 등 18세기 조선의 지식인인 이들은 당대의 마이너였으나 그들만의 열정과 광기로 말미암아 일가를 이뤘다. 바다 생물에 미쳐 『현산어보』를 남긴 정약전을 비롯하여 김득신의 독서에 대한 열정은 혀를 내두르게 한다. 김득신은 한 번 몰두하면 열정적으로 몰입해 끝을 보는 성격으로 『백이전』을 1억 1만 3,000번을 읽은 것으로 이름났다. 그 당시의 1억은 지금의 10만을 가리킨다 하니 실제 그가 읽은 횟수는 11만 3,000번이다. 조선 시대 자기 그림에 미친 화가의 사례 또한 열정의 진수를 보여준다. "미쳤다, 돌았다, 젊은 사람이 실성했다."라고 하는 주변의 말에 아랑곳하지 않고 종일 뙤

약볕 아래 꽃밭에 누워 꽃을 관찰하고 그림을 그리고 그것도 모자라 꽃이 피고 지는 과정을 세세히 기록하고 『백화보』라는 그림책을 남긴 화가의 이야기다.

앞서 소개한 인물들은 당시의 어쩔 수 없는 신분과 형편에 대해 자신의 상황과 여건을 탓하지 않고 자신의 자리에서 신념을 지키며 묵묵히 자신의 길을 갔던 사람들이다. 모든 조건이 완벽하게 갖춰지지 않은 상황에서도 열정이 있는 사람들은 지금 하는 일이 부와 명예를 가져다주는지에 관심을 두지 않는다. 일을 하면서 내가 좋으면 그만이고 행복하면 더할 나위 없다. 이렇듯 미치지 않으면 미치지 못했던, 미치지 않고선 이룰 수 없었던 그들의 열정적 생애는 오늘날에도 많은 생각거리를 안겨준다.

'열정'이라는 단어를 떠올리면 생각나는 사람이 있다. 발레리나 강수진이다. '강수진' 하면 연관돼 나오는 사진이 한 장 있다. 바로 고되고 반복된 연습으로 상처투성이가 된 그녀의 발 사진이다. 사진은 보는 이로 하여금 감동을 주기에 충분하다. 그녀는 세계정상급 발레리나가 되기 위해 뼈를 깎는 고통을 감수하며 연습에 연습을 반복했다. 그 결과 지금의 자리까지 올라설 수 있었다. 처음부터 뛰어난 재능이 있었던 것은 아니지만 발레를 하고 싶은 순수한 열정 하나로 연습을 반복했다. 그녀가 남긴 말 중 "노력을 뛰어넘은 재능은 없다."라는 것이 있다. 여기에서 노력은 바로 재능과 기능을 넘어 예능차원까지 승화시키는 열정과 동의어다. 재능만 믿고 노력하지 않는 사람은 누군가에게 감동을 주기 어렵다. 재능에 열정이 추가되지 않으면 재능은 그저 빛을 발하는 재주가 된다. 하지만 재능에 열정이라는 노력이 동반되면 보는 이로 하여금 감동을 느끼게 하는 탁월함으로 발전한다. 사람들은 무언가에 집중하다가도 좌절의 순간이 오거나 한계에 부딪히면 포기하거나 피하려는 데 급급해진다.

진정으로 그 일을 사랑하고 열정을 가진 사람들에게는 그러한 시련이 견뎌 봄직한, 극복하고 싶은 마음을 불러일으키는 촉매제 역할을 한다. 강수진은 견디기 어려운 최악의 순간에도 굴복하지 않고 꾸준히 열정을 가지고 노력했기에 최악의 순간을 누구보다도 멋진 최고의 순간으로 만들었다. 최고는 최악의 시련과 역경을 견뎌내고 최선의 노력과 경주하면서 탄생하는 것임이 틀림없다. 그녀가 우리나라 20대 여성이 뽑은 존경받는 인물로 선정되고 진정한 예술가로 인정받게 된 것은 다 그 열정 덕분이 아닐까?

열정은 시련을 극복하고 어려움에 굴복하지 않으며 지속가능한 힘을 주는 에너지원이다. 우리는 내면에 있는 열정의 힘을 깨우지 못하고 '힘들다.' '생각해보니 나에게 중요한 일이 아니다.' '지루하다.' '별다른 성과가 없을 것 같다.' 등 여러 가지 이유로 본인들이 세운 목표를 쉽게 포기한다. 스스로 형편없는 사람 취급을 한다. 실패는 성공의 반대가 아니다. 성공한 사람들도 실패의 경험이 존재한다. 실패 덕분에 더욱 강해지고 단단해진다. 멈추지 않고 열정을 가지고 도전을 하는 한 그것은 실패가 아니다. 다시 힘을 내서 달리라는 일종의 신호다.

실패는 누구나 할 수 있다. 실패하는 것은 내 탓이 아니다. 나만의 잘못도 아니다. 그 과정에서 온 힘을 쏟지 않았다는 것은 나 스스로를 속인 것과 마찬가지다. 도전하다 실패할 수 있다. 남다른 실력을 쌓으려면 실패를 딛고 다시 도전하는 열정이 필요하다. 도전이 불가능을 향해 출발하는 신호탄이라면 열정은 불가능에 도전할 수 있도록 불태우는 에너지다. 에너지가 넘치는 사람이라야 한계라고 생각하는 지점에서 불가능에 도전하는 것을 멈추지 않는다. 도전과 열정은 목표를 향해 매진하는 파트너다. 도전 없는 열정은 무모하고 열정 없는 도전은 무기력하다.

나는 언제나 도전과 열정을 삶의 소중한 핵심가치로 삼고 생각하고 행동하며 산다. 무언가에 빠지면 "저러다 일 내겠다."라는 말을 들을 정도로 무섭게 몰입한다. 그것이 지금까지 내가 이름 석 자로 버티며 일어섰던 비결이다. 내가 생각하는 성공은 뭔가를 많이 성취한 사람이 아니라 성취하는 과정에서 얼마나 열정적으로 삶을 살아가고 있으며, 그 과정에서 얼마나 많이 감동적인 교훈을 온몸으로 겪고 있는지, 그런 사람이 성공한 사람이라 생각한다. 그래서 성공은 위로 올라간 높이나 결과가 아니라 우여곡절의 삶 속에서 온몸으로 깨달은 교훈이다.

나는 강사라는 직업을 너무 사랑한다. 사랑하기에 지속하고 싶었고 열정이 불타올랐으며 열정은 나에게 엄청난 에너지를 가져다주었다. 밤잠 많던 내가 일을 준비할 때 하루에 네 시간씩 자며 오로지 공부와 콘텐츠 개발에 몰입했다. 주위의 반대와 걱정에도 무너지지 않고 내가 원하는 것을 하기 위해 집중했다. 보고 듣는 모든 것을 강의 콘텐츠와 연결시켜 보고 같은 꿈을 가진 사람들과 여러 개의 스터디를 함께하며 내용을 공유했다. 물론 개인적으로 여유를 부릴 시간은 없었지만 내가 좋아하는 일에 열중하는 매 순간 나는 너무 행복했다. 그때 나는 미쳐 있었다. 제대로 몰입하면 주위의 어떤 것도 걸림돌이 되지 않는다. 열정적으로 몰입하다 보면 안 될 것 같은 일도 서서히 문제의 베일을 벗어버리고 가능성의 세계로 다가온다. 열정 앞에서는 불가능도 가능한 세계로 뒤집히고, 열정은 그야말로 세상의 한계를 언제나 뛰어넘는 원동력이다. 불광불급이라는 말처럼 미치지 않으면 미칠 수 없다. 미칠 수 있다는 것은 그만큼 엄청난 에너지가 있단 말이다. 무언가 마음을 먹으면 믿을 수 없을 정도로 최선의 노력을 경주하는 사람이야말로 진정으로 성공한 사람이다.

강의 말고도 내가 집중하며 열정을 불태운 일이 있다. 무대에 섰던 경험이다. 연기 전공을 하지 않았음에도 언젠가부터 사람들이 느끼고 경험하는 많은 것들을 눈빛, 몸짓, 대사에 혼신을 담아 전달하는 배우들의 연기에 매혹되기 시작했다. 내가 직접 그런 감정들을 녹여낸 연기를 하고 싶다는 열망에 사로잡혔다. 열정은 열망이 강할수록 뜨겁게 타오르게 된다. 연기를 배우고 싶은 열정 하나로 영화배우 김갑수 씨가 대표로 있는 극단 '배우세상'을 찾아갔다. 연기하고 싶고 배우고 싶다는 말에 김갑수 대표는 내게 대본을 주고 읽어보라고 했다. 연극연기에 대해 무지했던 나였지만 무작정 큰 소리를 대본을 읽어갔다. 당연히 배워본 적이 없기에 실력을 운운하는 것은 의미가 없었다. 김갑수 대표는 오는 사람 막지 않으니 열심히 해보라는 말로 임시 단원으로 받아주었다. 집에서 왕복 네 시간의 거리를 대중교통을 이용하며 다니게 됐고 제일 먼저 극단에 나가 청소를 하고 에어컨도 나오지 않는 연습실에서 어지러움을 느껴가며 복식 연습을 했다. 아무도 나에게 관심을 주지 않았다. 저러다 말겠지 하는 시선으로 그림자 취급을 했다. 이게 말로만 듣던 텃새인가 싶기도 했다. 열정이 있었기에 주변의 상황에 굴복하지 않았다. 마음을 더 다잡고 나에게 주어진 소중한 기회에 최선을 다했다.

후에 이야기를 들어보니 아무 경험도 없는 사람이 연기가 하고 싶다고 무작정 찾아온 것을 보고 아마도 얼마 버티지 못하겠지, 쉽게 포기하거나 두 손 두 발 들고 나가겠지 생각하고 괜히 정 주지 말자고 생각했단다. 무대에 서고 싶었고 감정을 녹여낸 연기를 하고 싶었다. 이루고자 하는 열망이 가득했기에 최선을 다했다. 무대 뒤 분장실에서 먹는 컵라면과 삼각 김밥의 맛을 아는 사람이 얼마나 있을까? 극단에서의 생활과 배움 자체가 감사했다. 월급이 있는 것이 아니라 경제적으로 힘들었지만 컵라면 하나에도 너무 행복했다. 식사 끼니는 최대한 간단하게 해결하고 연습하고 또 연습했다.

그 당시 전혀 힘들지 않았다. 하루하루가 아주 새로웠고 대학로의 공기가 아주 좋았다. 극단 옥상에 올라가 밤하늘을 보는 것도 좋았고 저녁마다 주황색 티셔츠를 입고 대학로 이곳저곳을 다니며 전단은 배포하는 일도 즐거웠다. 극단 앞 인도에서는 복식 호흡 연습하다 생각하고 누구보다 큰 소리로 연극을 홍보했다. 한참 홍보를 하다가 고등학교 동창을 만난 적도 있다. 남자친구와 데이트를 왔다며 예쁘게 차려입고 인사를 건네는 친구에 비해 나는 주황색 연극 홍보 문구가 찍힌 티셔츠에 머리를 질끈 묶어 올리고 땀으로 범벅이 된 얼굴이었다. 하지만 부끄럽지 않았다. 내가 원하고 하고 싶은 일에 집중했기에 매 순간 행복하고 감사했다.

극단생활을 하다가 드디어 공연 일정이 잡혔다. 내가 맡은 배역은 영애라는 인물이었다. 어릴 때 폭력배들에 의해 다리를 다친 기억으로 자폐가 생겨 말을 하지 못하고 다리가 불편한 상처가 있는 여자였다. 「칼맨」이라는 연극이었다. 배역을 받고 밤에 잠이 오지 않을 정도로 가슴이 뛰었다. 나는 말을 못하는 배역이었기에 사람을 두려워하는 눈빛, 몸짓, 어릴 때 다친 트라우마로 칼에 민감하게 반응하는 광기가 어린 연기를 연습했다. 아니, 연습이 아니라 철저하게 배역 안에 녹아들어 영애가 되기 위해 노력했다.

다리가 불편한 영애는 무대에서 넘어지는 장면들이 많았다. 그때도 넘어지는 척이 아닌 아픈 걸 두려워하지 않고 몸을 던져가며 연극에 임했다. 보다 못한 선배들이 연습 때는 이렇게까지 안 해도 된다며 만류했다. 무대의상이 긴 치마니 무릎보호대를 착용해도 된다는 팁까지 알려주며 나를 걱정해주었다. 거짓연기를 하고 싶지 않은 마음에 여전히 있는 힘껏 넘어졌고 몸을 아끼지 않았다. 비중 있는 역할과 존재감 없는 역할이 나뉘어 있다고 생각하지 않았다. 무대에 오르는 그 순간 나는 주인공이었고 최선을 다해 무대를 즐기고 싶었다. 충격으로 무릎에 멍이 가실 일이 없었고 손목이 접질리는 바람에 고생하기는 했지만 매 순간 너무 행복했다. 최선을 다해 열중하고 열정을 다하고 난 뒤의 뿌듯함은 경험해본 사람만이 알 수 있는 느낌이다. 나는 행복한 사람들의 공통점은 자신이 좋아하거나 잘할 수 있는 일을 붙잡고 결과나 보상과 관계없이 그 일을 배우는 과정에 몰입하는 사람이라는 점을 체험을 통해 깨달았다.

최선을 다해 연습에 임하고 준비했는데 막상 첫 공연이 올라가는 날이 되니 밀려오는 긴장감에 몸 둘 바를 몰랐다. 분장실 안쪽에 앉아서 심호흡을 여러 번 하며 떨리는 마음을 진정시키고 있었다. 김갑수 대표가 그런 모습을 보고는 긴장되느냐고 물었다. 많이 떨린다고 말했다. 김갑수 대표는 지금 긴장이 되는 것은 잘하려고 하는 마음이 앞서기 때문이라고 말했다. 진심이 욕심을 앞서게 되면 일을 그르치게 된다는 이야기다. 내 실수로 연극을 망치게 될까 봐 걱정된다고 했다. 그때 내게 해준 김갑수 대표의 말이 아직도 가슴 깊이 남아 있다.

"네가 실수를 한다 해도 너에게 영향받을 사람 여기에 아무도 없어. 우리는 프로야. 연극은 살아 있는 거야. 서로 믿고 무대를 즐겨. 무대 위에서 배우가 행복해야 그 에너지가 관객에게도 전달돼."

맞다. 함께한 단원들은 내가 어떠한 실수를 한다 해도 더 재미있고 의미 있게 무대를 끌어갈 수 있는 프로다. 서로를 믿고 나를 믿고 무대를 즐기라는 말씀 덕분에 마음의 부담을 버렸다. 혹시 저지를 실수를 두려워했다면 영원히 연극무대에 설 수 없었을 것이다. 집중하고 열정적으로 연기한 덕분에 그 순간을 즐겼다. 최고의 연기는 아닐지 몰라도 나는 스스로 선택하고 노력해서 이룬 결과에 만족했고 무엇이든 열정을 가지고 임하는 자에게는 그에 맞은 결과를 준다는 사실을 믿게 됐다.

연극을 하고 싶다고 이야기했을 때 주위 모든 사람이 곱지 않은 시선으로 염려를 내비쳤다. 아무도 나에게 에너지를 실어주지 않았다. "왜 그 고생을 하려 하니." "돈은 받기는 하는 거니?" "시간 낭비 아니니?"라며 말이다. 물론 그들의 마음을 이해하지 못하는 것은 아니다. 어떻게 보면 치기 어린 판단이고 무의미한 시간 낭비가 될 수도 있는 일에 몰입하는 것이 걱정되고 염려되는 마음에 그리했다는 것도 잘 안다. 하지만 한 번쯤은 무언가에 끌려가는 인생이 아니라 돈, 명예, 인지도와 관계없이 내가 좋아서 하는 일에 인생을 투자하고 최선을 다해보라고 말하고 싶다.

스티브 잡스가 2005년도 스탠퍼드대 졸업식에서 말했던 '커넥팅 더 닷Connecting the Dots'이라는 말을 알고 있을 것이다. 현재 눈앞에 여러 개의 점이 흩어져 있다고 가정할 때 이 각기 다른 점, 연계성이 없어 보이는 점들이 미래에 어떻게 연결될지 현재로서는 가늠이 안 되지만 나중에 지나고 보니 다 연결이 돼 있다는 뜻이다. 이처럼 아무 의미 없다고 모두가 말렸던 연극무대에서의 경험이 지금에 와서는 내가 하는 일에 가장 큰 자양분이 됐다. 강단도 어찌 보면 무대다. 배우가 연극무대에 오르는 순간 뒤로 물러설 곳도 없고 숨을 곳도 없고 온전히 자신의 연기로 관객과 소통해야 하는 것처럼 강단에 오르는 순간 모든 시간이 오롯이 강사의 무대다. 연극무대에 관객이 있다면 강의무대에는 청중이 있다. 배우는 연기로 관객에게 감동과 울림을 준다. 강사 역시 내면에서 우러나오는 진심을 바탕으로 최선을 다해 강연에 임하고 그 이야기들을 통해 청중과 하나가 된다.

여전히 강단에 오르기 전 예전 연극무대에 오르기 전처럼 크게 심호흡을 여러 번 하고 이 말을 떠올린다. '무대에서 배우가 행복하면 그 에너지가 관객에게 전달된다.' 이런 행동은 긴장감을 풀기 위함이기도 하고 스스로에 에너지를 채워주는 일종의 의식이다. 강단에서 열정적으로 최선을 다해 행복하게 강의하는 모습을 통해 좋은 에너지를 받아가기를 바라는 마음으로 오늘도 무대에 오른다. 무대에 오른 배우에게 순간을 불태우는 열정이 중요하듯 강단에 서는 강사에게도 열정을 불태우는 강연이 이어질 때 청중은 무한 감동으로 화답한다.

세계적인 동기부여 전문가 앤드류 매튜스는 "실패한 고통보다 최선을 다하지 못했음을 깨닫는 것이 몇 배 더 고통스럽다."라고 말했다. 당신의 가슴을 뛰게 하는 무언가가 있다면 주저하지 말고 과감히 도전하고 열정적으로 최선을 다해보라. 어제와 똑같은 오늘을 살면서 내 인생이 바뀔 거라는 기대 대신 몸을 움직여 하나하나 당신만의 스토리를 채워나가기를 바란다. 얼마 전 세기의 대결로 관심이 쏠렸던 이세돌과 알파고의 대국 시 실제 방송을 진행했던 정다원 캐스터를 만날 기회가 있었다. 그녀가 했던 말 중에 기억이 남는 말이 있다. 바둑 기사들은 바둑 한 알 한 알 둘 때 온몸의 땀방울 하나까지 짜내며 죽을 힘을 다해 둔다고 했다. 단순히 바둑에서 수 싸움 하며 집을 많이 짓는 것이 목표가 아니라 매 순간 최선을 다하고 온몸의 힘을 짜내는 열정을 통해 두는 그 한 수의 미학을 기계적 알고리즘을 통해 수를 찾아 두는 알파고를 통해서는 절대로 느낄 수 없으리라는 이야기를 나누었다. 당신이 만든 열정적인 스토리에 누군가는 공감하고 감동한다. 감동받은 사람은 행동한다. 열정적으로 자신의 일에 몰두하고 매진할 것이다. 사람을 감동시키는 에너지, 그것이 바로 열정이다. 세상을 뜨겁게 사는 에너지, 즉 열정으로 매순간을 감탄과 기적의 순간으로 만들어나가기 바란다.

진정성을 바탕으로
정진하라

진정성 —누구를 만나든 진실하게 진심을 다하는가

●

진실하고 사심 없는 기여의 힘을 아는 자만이
인생의 가장 뜻깊은 기쁨,
즉 진정한 성취감을 경험한다.
–앤서니 로빈스[18]

　요즘처럼 '진정성'의 의미와 중요성이 대두된 적은 없었다. 정치적
혼란 상황에서 연이어 열리는 청문회에 온 국민의 눈과 귀가 집중된
요즘이다. 청문회를 시청한 사람들이 느낀 공통된 생각은 출석한 증
인들의 발언에서 한결같이 진정성이 느껴지지 않았다는 것이다. 오

히려 청문회에서의 진정성 없는 발언으로 의혹만 커지는 형국이다. 여기에서의 '진정성'은 '사실이 아닌' 즉 '거짓'과 대조되는 개념이다. 이러한 정치적 상황에 대해 요즘 대화에서 자주 등장하는 내용이 '진정성'이 무너진 정부에 대한 것이다. '진정성'이 무너진 정부는 '신뢰'를 잃은 정부와 동의어처럼 사용된다. 그렇다면 진정성이 신뢰를 포괄하는 개념인가? '진정성'을 사용한 예시는 위에 나온 두 가지뿐 아니라 여러 가지가 있다. 그중 하나는 일명 리얼리티 TV쇼인 연예인들의 가상 결혼 생활을 담고 있는 예능에 관한 것이다. 리얼리티 쇼에 대해 얼마 전 "각본이 존재한다." "따로 대본이 있다." "시청자를 기만하는 행위다."라는 논란이 있었다. 예능을 담당하는 PD가 인터뷰를 통해 자신의 입장을 이야기할 때 '진정성'이 등장한다. 리얼리티 예능에서 자신은 '진정성'을 중요하게 생각한다고 밝히며 대본 논란에 대해 그럴 리 없다며 일축한 사건이다.

위의 세 가지 사례에서 진정성은 어떤 개념으로 사용된 것인지 확인해볼 필요가 있다. '진정성'의 개념이 궁금한 마음에 국립국어원 홈페이지 표준국어대사전에 들어가서 검색해봤다. 그런데 진정성이라는 단어로 검색결과는 '0' 건으로 나오는 것이 아닌가? 그뿐만 아니라 '진정성'이라는 단어는 시중에 나와 있는 웬만한 사전에 수록돼 있지 않았다. '진정'이라는 단어만 있다. 이 단어 역시 한문으로 "거짓 없이 참으로"라는 의미의 부사, 진정眞正일 수도 있고 "참되고 애틋한 정이나 마음"을 뜻하는 명사인 진정眞情일 수도 있다. 뭐라 정의하기에 모호한 상황이다. 1장과 2장에서 강조했던 것처럼 타인이 내린 정의가 아닌 내 핵심가치 중에서 가장 중요하고 소중하게 여기는 '진정성'에 대해 스스로 개념을 정리해본다. 진정성의 어원인 그리스어 'authentikos'를 통해서 알 수 있듯이 진정성은 자신을 뜻하는 'eauton'과 정립을 의미하는 'theto'의 결합에서 유래했다. 여기에서 착안해서 '진정성'을 자신의 도덕적 신념에 따라 가치를 정립하고 자신의 가치판단 기준에 따라 거짓 없는 자세로 진심을 다해 무언가에 임하는 것을 의미하는 것으로 해석한다.

진정성에 대한 정의와 더불어 요즘 '진정성'이 왜 이리 자주 대두되는지에 대해서도 생각해볼 문제다. 진정성을 철학적으로 탐구한 찰스 테일러의 『불안한 현대사회』[19]를 보면 현대 사회의 불안 원인을 분석한다. 그는 불안감을 극복할 수 있는 대안으로 근대적 자아, 즉 자기 진실성의 복구를 제시한다. 왜 현대인들은 행복하지 못하고 불안한가? 소득 및 생활 수준은 향상됐지만 행복지수는 오히려 줄었다. SNS상 많은 사람과 교류하지만 정작 마음을 나눌 사람이 곁에 없어 외로움을 호소하는 사람들이 늘어났다. 갈수록 '인간소외' 현상이 사회적 문제로 대두되고 있다. 거짓말을 일삼는 정치인들의 가식적인 발언과 쇼에 가까운 발언과 지속적으로 소비를 조장하는 광고의 홍수 속에서 산다. 거짓과 진실을 가려내기 위해 엄청난 집중을 해야 하는 것이 현실이다. 이러한 집중은 소모적인 것으로 우리를 정신적 피로감으로 내몬다.

또한 몇 달 전 강릉으로 가는 버스표가 매진되는 사태가 발생했다. 이유가 '포켓몬 고'라는 게임 때문이었다. 이른바 증강현실기술을 토대로 만들어진 게임으로 많은 유저들이 게임을 하기 위해 손에 핸드폰을 들고 게임에 열중하는 모습을 볼 수 있었다. 어른 아이 할 것 없이 타인과의 접촉보다는 인터넷 세상에 접속해서 열중하는 사람들이 더 많다. 그로 인해 사람 간의 정이 오가지 못하고 삭막해진다. 같은 맥락으로 '혼밥' '혼술'이라는 단어가 신조어 사전에 등장할 정도로 많은 사람들이 혼자라는 것이 자연스럽다. 그리고 현실 속 소통 대신 얼굴 한 번 본 적 없는 SNS 친구와 소통하는 데 많은 시간을 소비한다. 이러한 현상들이 '진정성'의 중요성이 대두되게 된 결정적 이유라고 생각한다.

현재 경험하는 정치, 사회, 경제적 어려움과 개인적인 고립감과 소외감에 대한 반동으로 지극히 자연스러우며 꾸밈없는 것에 대한, 즉 '진정성'에 대한 욕구가 형성된다. 일례로 자극적이지 않고 일상적인 내용을 담은 방송, 이른바 착한 예능이 인기를 얻는다. 사람들은 등장 인물들의 꾸밈없는 모습에 오히려 열광하며 저것이야말로 진짜라고 말한다. 한마디로 거짓이 없는 솔직한 언행이 '진정성'을 나타내는 것이며 이러한 참된 생각들이 일시적인 것이 아니라 연속성을 가지고 지속될 때 우리는 그 사람에게 진정성이 느껴진다고 한다. 진정성을 잘 묘사한 글이 있어 소개한다.

세익스피어의 희곡 『햄릿』의 등장인물인 폴로니어스가 아들에게 하는 대사다. 극 중에 폴로니어스의 잔소리에 짜증을 내던 아들 레어티스는 "무엇보다 너 자신에게 진실하라. 그러면 마치 낮에 이어 밤이 오듯 너는 어느 누구에게도 거짓이 될 수 없다. 너 자신에게 진실하라.'라는 아버지의 말에 깨달음을 얻고 입을 다문다. 자신에게 진실하며 스스로에게 충실한 것이야말로 도덕적 신념을 지키는 일이다. 그로 인해 거짓 없는 마음과 마음이 만나 더욱 나은 삶을 영위하게 된다. 진정성은 개인적 가치임과 동시에 공적인 면도 포괄하는 삶의 미덕이다. 진정성이 담긴 자신만의 가치를 세우고 이를 바탕으로 현재를 성찰하며 성찰한 바를 실천하는 사람. 혼자 뛰기보다 서로의 길에 힘을 실어줄 수 있는 사람과의 관계를 통해 함께 목적지에 다다른다. 관계를 만들기 위해 성급하게 행동하지 마라. 조금 늦어져도 괜찮다. 빨리 쌓아올린 탑은 언제 무너져도 이상할 것이 없다. 견고하고 정교하게 천천히 쌓아올린 탑처럼 사람과의 관계도 단단하게 차곡차곡 쌓아야 오래간다. 먼저 자신에 대해 집중하고 나만의 가치를 정립하고 그것을 실천하기 위해 노력하라. 진심을 다해 경험하고 진정으로 사랑하라. 에너지를 채워 밖을 향하게 하라.

만약 누군가를 만날 때 진정성을 바탕으로 한 진심眞心이 없이 대한다면 상대방은 당신에게 '진정성이 없다.' '얄팍한 느낌이 든다.' '뭔가 계산하고 자신을 대하는 것 같다'고 오해한다. 그러한 관계는 오래갈 수 없다. 진심眞心은 다른 말로 진심盡心이다. 즉 순수한 마음에서 우러나오는 진심眞心은 무엇인가를 바라고 기대하는 마음으로 사람을 대하는 것이 아니라 최선을 다해서 모두가 행복했으면 좋겠다고 생각하는 성실한 마음이다. 가장 오래가는 인간관계는 진정성을 바탕으로 하는 사이다. 진심을 다하는 관계 속에서 신뢰가 자란다. 신뢰는 모든 관계의 근본이다. 신뢰가 신용을 낳고 신용이 인간

관계의 바탕이 된다. 사람과 사람 사이에 믿음이 없으면 그 관계는 오래갈 수 없다. 온갖 일이 거짓처럼 느껴지게 된다. 이스라엘 종교 철학자 마틴 부버는 저서 『나와 너』에서 '관계'의 중요성을 강조했다. 신용과 신뢰는 한순간에 쌓이고 얻어지는 것이 아니라 오랜 시간 서로의 마음을 읽고 교감하여 진심이 확인된 뒤에 얻어지는 것이고 사람 됨됨이의 문제는 순수성과 진정성에 따라 평가된다.

사회생활을 하면서 수많은 사람을 만나면서 인연을 만들어가고 인연이 끊어지면서 헤어진다. 인간관계에서 가장 중요하고 강조돼야 할 부분이 바로 진심, 진정성이라 생각한다. 언제나 나를 소개할 때 "'세상의 진심' 오세진입니다."라고 한다. 여기에서의 진심은 거짓 없는 마음으로 상대를 대한다는 뜻 말고도 마음이 다하여 없어질 정도로 상대에게 집중하고 최선을 다하여 마음을 나누겠다는 진심盡心도 함께 포함된다. 진심은 자신이 진실하다고 말한다고 드러나지 않는다. 상대가 느끼는 마음이다. 진심은 바로 전달되지 않는다고 해서 속상할 이유가 없다. 진인사대천명盡人事待天命의 자세로 최선의 노력을 경주하는 행동이 뒤따를 때 비로소 드러나는 진정성이기 때문이다. 거짓 없는 참된 마음이 행동으로 옮겨지는 가운데 애쓰는 모습으로 현실로 드러날 때 비로소 진심임을 알 수 있다. 진심은 딜레마 상황에서도 이해타산에 흔들리지 않고 꿋꿋하게 자신의 중심을 지키는 마음이다.

일전에 읽었던 글 중에 지금까지도 내 가슴 깊이 아로새겨져 영향을 주는 글귀가 있다. 계곡물이 흐르는 것은 무슨 의도가 있어서

가 아니고 햇빛이 저렇게 쏟아지는 것도 다른 의도가 있어서가 아니다. 그러나 그로 인해 물과 햇빛은 온갖 생명을 먹여 살린다. 이를 두고 '하지 않고서 한다.'라고 한다. '벗의 사귐도 그러한 것이어야 한다.

　이해득실을 따지거나 친근하게 나누는 말 속에 저의底意가 담겨 있다면 진실된 마음을 나누는 것은 어려운 일이다. 만남 자체가 목적이 돼야지 수단이 되면 그런 만남은 곧 퇴색되고 만다. 모든 관계의 바탕에는 참되고 애틋한 정이나 마음을 가지고 있음을 뜻하는 진정성이 내포돼야 한다. 억지로 관계를 유지함이 아니라 저절로 그리됨을 경험할 수 있다. 또한 진정성 있는 마음을 함께 나누며 신뢰와 깊은 관심으로 맺어지는 인간관계는 쉽게 무너지지 않는다.

　나는 여전히 부족하고 채워가야 할 부분이 많다. 그런 나에게 장점이 있다면 매사를 진심으로 대하고 신뢰를 중시하며 시간약속을 누구보다도 철저히 지킨다는 것이다. 사람이기에 간혹 실수하는 경우가 발생할 수 있다. 그렇지만 진정성으로 쌓아올린 신뢰의 탑이 어느 순간 무너진다고 할지라도 진심으로 세상을 살아온 사람에 대한 신뢰는 무너지지 않는다. 설혹 무너진다 할지라도 금방 회복될 수 있다. 진심이 아니라 사심이나 흑심을 품고 인간관계를 어떤 목적을 달성하기 위한 수단으로 생각해왔다면 오래 지속되지 않을 뿐만 아니라 어쩔 수 없는 실수나 실패가 발생하면 순식간에 무너진다.

　지금 생각해도 등줄기에서 식은땀이 나는 경험이 있다. 3년 전의 일이다. 그날은 강의 일정이 오후여서 오전에 업무 관련 미팅을 잡아둔 상태였다. 여느 때처럼 약속시각 30분 전에 도착하기 위해 여유 있게 집을 나서서 이동 중이었다. 전화벨이 울려서 보니 내가 자주 출강을 하는 기업의 교육 담당자였다. 그 기업에서 6차수의 교육이 잡혀 있던 시기라서 강의 관련해서 할 이야기가 있나 보다 생각하고 전화를 받았다. "강사님 언제쯤 도착하세요?"라는 담당자의 첫 말에 순간 얼음이 돼버렸다. 일정표에는 오늘이 아닌 이틀 후로 체크가 돼 있는 상태였기에 자초지종을 설명했다. 일정 여러 개를 조율하다가 오늘 강의날짜를 이틀 후로 연기 된 것으로 잘못 알고 있는 상황이 생긴 것이다. 강의하면서 처음으로 생긴 실수였다. 늘 해당 업체 강의를 갈 때 한 시간 전에 도착했다. 일찍 도착한다는 것을 담당자가 아는 상황이었다. 늘 한 시간 전에 도착하던 강사가 오지 않으니 걱정스러운 마음에 연락한 것이다. 늦어도 괜찮으니 조심히 와달라는 부탁을 했다. 나는 부랴부랴 미팅하기로 한 분께 양해를 구하고 차를 돌렸다. 강의 장소는 천안에 있는 연수원이었다. 내가 있는 곳에서 두 시간 정도가 걸리는 거리다.

　당장 출발해도 9시 시작 강의에 한 시간이나 늦게 되는 상황이었다. 일찍부터 기다리고 있을 교육생들에게 미안한 마음과 기본적인 것을 실수한 자신에 대한 질책 등 여러 마음이 교차했다. 서둘러 운전을 해서 겨우 연수원에 도착했다. 이미 강의 시간은 한 시간을 넘긴 상태였다. 평소 시간에 대한 강박까지는 아니지만 늘 여유를 가지고 움직였기에 불안하고 초조한 마음을 누를 길이 없었다. 땀을 뻘뻘 흘리며 미안한 마음에 조심스레 강의장 문을 열고 들어갔는데 생각지 못한 박수와 함성이 나를 반겨주었다. 나는 그 자리에 그대로 얼음이 돼버렸다. 얼어 있는 나를 보고 담당자는 청중에게 이렇게 부탁했다. '언제나 한 시간 먼저 도착을 해서 강의장을 둘러보고 준비를 끝내는 분인데 상호 커뮤니케이션 실수로 늦게 됐다는 말과 함께 놀라고 미안한 마음 안고 먼 길 달려와준 강사님에게 큰 박수로 괜찮다는 응원 부탁한다'고 말이다. 그의 한 마디에 눈물이 그렁그렁 맺혔던 일이 있었다. 누군가에게 보여주기 위해서 한 시간 전에 도착했던 것이 아니다. 강사로서 이 일을 시작하면서 내가 세운 가치 판단의 기준에 따라 움직였던 것이다. 일부러 한 행동이 아닌 평소 나를 딜레마 상황에서 바른길로 인도하는 도덕규범이자 흔들려서는 안 되는 핵심가치 중의 하나 진정성, 신뢰, 믿음, 그리고 진심 어린 노력 덕분에 상대에게 믿음을 잃지 않았고 실수를 했음에도 다시 한 번 기회를 잡을 수 있었다.

오랜 시간은 아니었지만 그동안 쌓아온 상호 간의 신뢰와 진심을 알아봐주고 이해해주며 넓은 아량을 보여준 당시의 담당자에게 다시 한 번 감사의 인사를 하고 싶다. 이뿐 아니라 다양한 기관이나 조직에 출강하다 보면 예상치 못한 여러 상황이 생긴다. 몇 년 전에 강의하러 가는 길에 계단에서 넘어져서 눈가가 찢어지는 위험한 사고가 있었다. 그날은 오전 9시에 홍대 근처에서 강의가 있었다. 출근길 서울은 도착시간을 예상하기 어려울 정도로 정체가 심한 탓에 여유를 가지고 출발했고 그 덕분에 정체 없이 7시 반에 근처에 도착할 수 있었다. 너무 일찍 도착하는 것도 실례인지라 차에서 책을 보다가 강의 시작 40분 전쯤 강의장으로 향했다. 당시는 꽃샘추위가 기승을 부리는 시기인지라 한 손에는 노트북 가방을 들고 나머지 한 손은 호주머니에 살포시 찔러 넣고 총총걸음으로 계단을 오른 중이었다. 그러다가 구두 앞쪽이 계단 모서리 부분을 밟고 그대로 앞으로 넘어졌다. 한 손에는 노트북을 들고 한 손은 호주머니 안에 들어 있는 상태에서 넘어졌기에 손을 짚을 새도 없었다. 그 바람에 계단 모서리 부분에 눈가가 부딪히는 사고가 일어났다. 넘어질 때의 충격으로 코트의 단추가 튕겨져나갔다. 순간 아무 생각이 들지 않을 정도로 멍해졌다. 부끄럽기도 하고 당혹스러웠다. 주변에 사람들이 몰려오는 것을 느끼고 벌떡 일어나 아무렇지 않은 듯 다시 계단을 걸어 올라가는데 얼굴에 뭐가 따뜻한 것이 흐르는 느낌이 들었다. 거울을 보니 얼굴은 이미 피범벅이 돼 있었다. 눈가가 찢어져서 피부가 벌어져 있었다. 목에 두르고 있던 스카프로 얼굴 한쪽을 잘 누르고 강의장으로 들어가 담당자를 만났다.

　내 얼굴을 본 담당자의 표정이 아직도 잊히지가 않는다. 놀란 표정으로 빨리 병원에 가보라는 말을 듣고 근처 세브란스 응급실로 향했다. 봉합까지 하게 되면 강의 시간에 맞추기 어려울 것 같아서 상처 부위를 소독 후 붕대로 지혈하고 다시 강의장으로 향했다. 오로지 늦으면 안 된다는 생각뿐이었다. 다행히 시간 맞춰 도착했다. 담당자는 강의는 안 해도 되니까 편하게 치료받으라고 했다. 내게 주어진 시간에 대한 강의는 책임지고 싶었다. 강의하겠다고 이야기하니 담당자가 그러면 30분도 좋고 한 시간도 좋으니 무리하지 말라고 했다. 점점 상처 부위가 부어오르는 느낌이 들었지만 강의를 무리 없이 잘 마무리를 지었다. 그 후에 병원으로 가서 12바늘을 봉합했다. 월요일부터 금요일까지 홍대에서 같은 시간에 다섯 차례 진행되는 직급별 강의였는데 첫날 사고가 생긴 것이다. 다음날이 되니 얼굴에 푸른 멍이 자리 잡았다. 메이크업으로도 가려지지가 않았다. 봉합한 터라 물이 닿아서도 안 되는 상황이었다. 사실 쉬어야 했지만 갑작스레 강사 대체가 어려운 상황이라 원래대로 출강했다. 부어오른 눈을 보고 놀란 교육생들에게 '홍대 꽈당녀'라고 검색하면 내 영상이 뜰지도 모른다고 넉살 좋은 농담을 나누며 남은 일주일의 일정을 끝까지 소화했다. 이런 나를 두고 미련하다고 생각하는 사람도 있다. 자신의 일에 책임을 지고 최선을 다하는 사람이라면 내가 아닌 누구라도 그렇게 했을 것이다. 당시의 교육 담당자들은 강의 진행 못 하게 될 줄 알았는데 끝까지 해줘서 고맙다는 인사로 마음을 전해왔다.

사고가 있었지만 맡은 일은 끝까지 책임지는 것이 당연하다. 그것이 내가 소중하게 생각하는 핵심가치인 진심으로 세상을 살아가는 방법이다. 그렇게 행동하는 것은 그 안에는 무슨 의도가 있는 것도 저의가 있는 것도 아니다. 누군가에게 잘 보이기 위함은 더더욱 아닌, 그저 나 자신과의 약속이자 가치판단 기준에 따라 생각하고 행동할 뿐이다. 진심으로 사람을 만나고 매사를 처리하며 움직였을 뿐인데 상대로 하여금 이렇게 좋은 평가를 받게 됐다. 도전, 열정, 진정성, 감사, 치유는 모두 내게 소중한 가치다. 그중에서 내가 가장 기본적인 가치로 생각하는 핵심가치는 진정성이다. 사람이 진정성이 있는지 없는지 알아내는 게 쉽지 않지만 그럼에도 진정성을 갖고 임하는 사람들의 공통적인 몇 가지 특성이 있다.

우선 진정성이 있는 사람은 모든 일에 임할 때나 사람을 마주할 때 눈빛이 다르다. 눈빛을 보면 그 사람이 지금 진심으로 나와 마음을 나누고 이야기를 들으려고 하는지 안다. 진정성은 진심에서 비롯된다. 진심이 아니라 사심邪心으로 대하면 벌써 눈빛부터 다르다. 오로지 지금 이 순간에 최선을 다하려는 열망의 눈빛이 상대에게도 전해진다.

둘째, 진정성이 있는 사람은 몸동작과 표정이 다르다. 할 수 없이 친절 서비스나 이미지 관리 교육을 받은 사람이 어쩔 수 없이 또는 마지못해서 보여주는 인위적인 모습에서는 진정성을 찾아보기 어렵다. 진정성이 있는 사람의 자세와 태도는 금방 눈으로 느껴진다.

셋째, 진정성이 있는 사람은 남의 이야기를 들으려고 노력하는 모습이 남다르게 역력하다. 진정성이 있는 사람은 누구보다도 남의 이야기를 잘 들어준다. 진정성이 없는 사람은 시계를 보거나 자꾸 밖을 내다보면서 뭔가 행동거지 표정이 불안한 기색이 역력하다. 진정성으로 소통에 임하는 사람들은 상대와 불편하지 않은 적당한 거리를 유지하면서도 동시에 한 마디로 흘리지 않고 성심성의껏 들어보려는 경청의 자세를 보인다. 내가 모든 것을 이해할 수는 없지만 지금 이야기하고 있는 바로 당신과 같은 입장이고 공감한다는 표정을 동시에 보여준다.

진정성으로 승부하는 사람은 표정과 태도는 물론 일을 하는 자세도 남다르다. 진정성 없는 사람의 일은 남에게 보여주기 위한 일이다. 이들은 일 자체에서 재미와 의미를 찾고 보람과 가치를 창조하기보다 일자리에 목숨을 건다. 일보다 자리에 관심을 두는 사람일수록 내가 왜 이 일을 하는지에는 관심이 없고 그 일을 하면서 남에게 무엇을 보여주고 과시하고 싶은지에 관심이 집중돼 있다. 비교의 기준도 남보다 잘하는 데 있다. 반면에 진정성으로 일에 임하는 사람은 일자리보다 일을 통해 자신이 살아가는 이유와 의미를 드러내는 데 전력투구한다. 이들은 남보다 잘하기보다 어제의 나와 비교해서 전보다 잘하려고 열정적으로 몰입한다. 진정성으로 일에 임하는 사람은 위대한 성취를 이루어서 만족감과 성취감을 맛보는 데도 관심 있지만 더욱 중요한 것은 일 자체를 목적으로 보고 일하는 과정에서 행복감을 맛본다.

진정성은 나의 핵심가치 다섯 가지 중에 흔들리지 않는 중심이자 근본임과 동시에 기본이다. 중심이 흔들리면 왔다 갔다 하고 근본이 흔들리면 뿌리가 흔들리거나 뽑혀서 지금까지 나누었던 모든 내용이 순식간에 날아간다. 진정성이 없는 도전은 무모하다. 진정성이 없는 열정은 오래가지 못하고 냉정해진다. 진정성이 없는 감사는 조건이 뒤따르는 접대가 된다. 진정성이 없는 치유는 돈을 목적으로 이루어지는 단순한 치료행위로 전락한다. 그만큼 진정성은 도전, 열정, 감사, 치유가 본래의 정신과 가치대로 발휘될 수 있도록 중심을 잡고 조정하고 중재하며 촉진하는 근본적인 가치에 해당한다. 부족하지만 조금 더 진실한 마음으로 상대와 신의를 나누기 위해 오늘도 진심을 다한다. 인간관계에 있어서나 일에 있어서나 진정성을 기본으로 진심으로 무언가를 할 때는 마음 비우기 연습이 필요하다. 상대로 하여금 무언가를 취하려 계산하지 말고 내가 먼저 내주고 사심 없는 마음을 열어 보이는 것이 진정성의 시작이고 마음 나누기의 초석이다. 진정성이라는 가치는 당장 눈앞에 드러나는 결과를 기대하기도 어렵고 갑작스러운 변화를 일으키는 덕목은 아니다. 하지만 시간이 흐를수록 흘러가는 말이 아닌 잔잔하게 가슴을 물들이며 크게 생각하지 않고 시도한 일이 어느 순간 놀라운 기적으로 다가오는 경이로운 체험을 선사한다. 내 인생을 바꾼 다섯 가지의 가치 하나하나가 소중하다. 다섯 가지 중 한 가지만을 선택해야 한다면 나는 주저 없이 진정성을 택할 것이다. 그만큼 세상의 진심, 오세진을 대표하는 핵심가치로 내 삶의 중심에 자리 잡고 있다.

세상에서 가장 행복한 사람은 자신과 만나는 모든 사람을 진심으로 대하면서 따뜻한 사랑을 나눌 줄 아는 사람이다. 인간관계를 맺고 있는 모든 사람은 저마다의 개성, 철학, 그리고 신념과 가치관을 갖고 살아간다. 나와 다르지만 다름과 차이로 언제나 그들로부터 소중한 배움을 얻는다. 나 이외의 모든 사람은 모두 나의 스승이다. 자세를 낮추고 진심으로 그들에게 배운다는 자세로 임한다면 사람과 사람 사이에 따뜻한 정이 흐르고 마침내 진정성이 가슴으로 와 닿으면서 허심탄회한 인간관계가 형성된다. 만나기 전에 머리로 계산하며 이해타산을 따지기 전에 모든 사람을 진정성으로 대할 때 설혹 상대가 나에게 흑심을 품고 사심으로 나를 괴롭히려고 했다가도 진심으로 돌아가는 경우도 많다. 진심이 사람의 중심에 설 때 사람과 사람 사이에 정이 넘치고 사랑이 흐른다. 참다운 진리, 따뜻한 진심, 숨길 수 없는 진실, 사랑으로 무장된 진정성이 세상의 중심에 설 때 더 없이 살 만한 가치가 있는 세상이 될 것이다.

매사가 '덕분'에
잘됐다고 생각하며 감사하라

범사에 감사하며 고마운 마음을 유지하고 있는가

나는 감사할 줄 모르면서 행복한 사람을 한 명도 보지 못했다.
-지그 지글러

행복은 물질적 소유에 비례하는 것이 아니라 감사의 마음에 비례한다. 범사에 감사하는 마음을 표현하는 것이 행복의 시작이다. 너무나 일상적이고 평범해서 소중함을 느끼지 못하고 지나치고 있는 일들에 대한 감사, 그것이 시작이다. 『행복이란 무엇인가』[20]의 저자이며 전 세계에 행복학 열풍을 불러일으킨 하버드대 '긍정심리학' 교수 탈 벤 샤하르도 사람에서 음식까지, 자연에서 미소까지 좋은 것들을 음미하고 감사하는 법을 배우자고 한다. 기회가 있을 때마다 감사를 표현할 것을 권한다. 감사한 일을 찾으려고 조금만 관심을 기울이면 얼마든지 찾을 수 있다. 중요한 것은 관심을 가지고 자신의 삶을 자세히 들여다보며 감사함에 대해 자각하느냐 못하느냐에 달려 있다. 일상적인 상황 속에서 일어나는 여러 가지 일들에 대해 짜증과 실망 같은 감정의 소용돌이에 휘말리느냐 아니면 감사의 마음을 표현하느냐는 순전히 자신의 선택이며 실천의 문제다. 비슷한 맥락으로 애나 김은 『감사일기의 힘』[21]에서 감사라는 감정은 '주어지는 것'이 아니고 '찾고 선택하는 것'이라는 믿음으로 훈련과 연습을 통해 만들 수 있는 능력이라고 말한다.

일상에서 감사를 발견하고 고마운 감정을 찾는 것은 어려운 일이 아니다. 예를 들면 이 순간 건강한 신체를 가진 것은 대단히 감사한 일이다. 들숨과 날숨이 자연스레 들어오고 나오는 것만으로도 우리는 행복한 사람이다. 나 역시 두 번의 큰 교통사고가 있었지만 후유증 없이 회복된 것으로도 감사하다. 자신에 관해 감사한 일은 너무 사소하기에 당연한 것으로 치부해버리는 경향이 있다. 원하는 곳을 마음껏 다닐 수 있는 건강한 다리가 있는 것, 일과 끝에 지친 몸을 이끌고 집으로 돌아왔을 때 따뜻하게 반겨주는 가족이 있다는 것, 하루 세 끼의 식사를 할 수 있다는 것, 나를 필요로 하는 곳에서 일할 수 있다는 것, 이 모든 것이 늘 가까이 있기에 고마움을 자각하지 못한다. 하지만 이 세상에는 그렇지 못한 사람들도 많다. 건강하게 가족과 함께 여유로운 주말을 보낼 시간도 추운 겨울날 친구가 건네

주는 따뜻한 커피 한 잔도, 아이들이 건강하게 자라주는 것 역시 감사한 일이다. 좋아하는 책을 읽는 순간도, 재미있는 영화를 볼 수 있는 것도, 간밤에 단잠을 잔 것도 역시 모두 감사한 일이 아닐까? 이처럼 우리는 주변에 감사할 일들로 가득 찬 경이로운 기적과 감동적인 향연이 가까이 있음에도 느끼지 못하고 살아간다.

감사하는 마음은 느닷없이 찾아오는 것이 아니다. 감사란 일상 속에서 끊임없이 발견해야 하고 표현을 통해 키워내야 하는 미덕이다. 행복해지고 싶다면 감사의 기회를 놓치지 말고 표현하라. 감사함은 표현할 때 아름답게 빛난다. 감사의 파동으로 주변 사람들까지 행복하게 만든다. 지속적인 훈련을 통해 키워낸 감사의 마음은 당신이 지치고 힘들 때 이를 이겨낼 힘을 선사할 것이다. 그리고 감사의 힘을 통해 이룰 수 없을 것이라 여겼던 것을 성취하는 기적을 맛보게 된다. 미국의 심층 뉴스 TV 프로그램인 「인사이드 에디션」의 진행자로도 유명한 데보라 노빌 역시 저서 『감사의 힘』[22]에서 위대한 성공은 '감사하다'라는 말을 자주 하는 사소한 습관에서 비롯된다고 말한다.

감사는 일종의 파동이자 에너지다. 감사하며 웃는 사람의 숨과 화를 내는 사람의 숨을 모아 그 안에 모기를 넣는 실험이 있다. 결과가 어떻게 됐을까? 감사하는 마음이 담긴 웃음 공기 속 모기는 활기찬 모습을 보였다. 반면 화가 가득한 공기 속 모기는 질식을 했다. 감사의 마음과 화로 가득 찬 마음이 각각의 공기에 파동을 일으켜 속에 담긴 모기에게 영향을 미친 것이다. 실험 결과를 통해서도 알 수 있듯 매사에 감사하는 마음은 행복과 성공을 방해하는 부정적 요인인 에너지 킬러를 감소시킨다. 그리고 삶을 보다 나은 모습으로 발전시키는 힘의 원천이 된다. 삶이 언제나 행복한 일이 있는 것만은 아니다. 행복한 사람들에게도 언제나 최상의 것, 좋은 상황만 생기지 않는다. 하지만 행복한 사람은 감사하는 마음을 유지하고 표현하는 생활을 통해 남을 부러워하거나 화내고 원망하고 후회하는 시간을 훨씬 적게 가진다. 그 에너지로 말미암아 자신은 물론이고 타인의 삶에도 긍정적인 영향을 미친다.

그것을 잘 증명하는 사례가 있다. 캘리포니아 데이비스대 로버트 에먼스 교수의 연구결과에 따르면 16년간 학생들을 지켜본 결과 감사를 습관화한 학생의 연평균 수입이 그렇지 않은 학생보다 2만 5,000달러가 많았다. 감사를 습관화한 사람의 평균 수명이 그렇지 않은 사람보다 9년이나 더 길었다. 로버트 에먼스 교수는 감사하는 마음을 지니고 있고 그것을 밖으로 자주 표현하는 사람일수록 긍정적인 에너지가 충만하여 생기가 넘친다고 말한다. 주변의 모든 것에 호기심을 가지고 새로움을 추구하며 다른 사람들과의 교류에도 적극적인 태도를 보이며 감정적으로 더 많이 연결돼 있다고 한다.

삶에 감사하는 마음가짐과 실천을 통해 개인적인 행복과 성취는 물론이고 인간관계에서도 긍정적인 성과를 얻을 수 있다는 것을 보여준 사례다. 성공적인 삶을 사는 사람들은 특별한 능력을 지녔거나 태어날 때부터 우리와 다른 사람이 아니다. 절망적인 어려운 상황에서도 희망을 발견하며 감사하는 마음을 잃지 않는 것이 선순환을 일으켜 자신의 성공과 행복에 더 빨리 다가갈 수 있었던 것이다.

감사의 힘을 믿고 그것을 실천으로 옮겨 성공한 사례로 세계에서 영향력 있는 인물 1위 하면 누가 떠오르는가? TV 토크쇼의 여왕 오프라 윈프리다. 많은 사람이 알다시피 오프라 윈프리는 인생에서 최악의 시련과 역경을 극복하고 마침내 당당히 세계적인 토크쇼 진행자로 우뚝 선 인물이다. 지독하게 가난한 집안에서 미혼모의 어머니에게 태어나자마자 버려져 할머니 손에 자랐다. 하지만 어린 나이에 삼촌에게 성폭행을 당했고 14세에는 미혼모가 된다. 설상가상 그 아이는 태어난 지 2주 만에 죽었다. 그녀는 충격으로 가출해 마약 복용으로 하루하루 지옥 같은 삶을 살았다.

그녀는 처음부터 모든 것을 가지고 있지 못했다. 순조롭지 못한 굴곡 많은 삶이었지만 가장 낮은 곳에서 꿈과 열정을 포기하지 않고 지켜냈다. 그 결과 현재는 많은 사람에게 삶의 희망을 주는 인물이 됐다. 그녀는 성공비결로 감사일기를 자주 언급한다. 현재를 소중히 여기고 삶을 긍정으로 이끄는 감사일기가 삶의 이정표처럼 방향을 어디로 두면 좋을지를 알려주고 목표를 갖게 해주었다고 한다. 사소해서 스쳐 지나가 버릴 수 있는 일들에 대해 감사를 표하다 보면 마음에서 좋은 에너지가 생겨나고 삶이 더욱 빛날 수 있다. 감사는 할수록 감사할 일이 많이 생긴다. 오프라 윈프리가 하루도 빠짐없이 작성한다는 감사일기는 그리 대단한 내용이 담겨 있는 것은 아니다. 일상의 소소함이 담겨 있다.

오늘도 거뜬하게 잠자리에서 일어날 수 있어서 감사합니다.

점심때 맛있는 스파게티를 먹게 해주셔서 감사합니다.

얄미운 짓을 한 동료에게 화내지 않았던 저의 참을성에 감사합니다.

좋은 책을 읽었는데 그 책을 써준 작가에게 감사합니다.

　그녀는 평범한 일상에 대한 고마움을 표현하다 보니 좋은 에너지가 충만해지고 앞으로 어디로 나아가야 할지를 알게 됐으며 인생의 소중함을 일깨우게 됐다고 말한다. 나 역시도 내 인생에서 딜레마 상황이나 어려움이 닥쳐올 때 등대처럼 길을 비춰주고 흔들림 없이 길을 갈 수 있도록 도와주는 다섯 가지 핵심가치 중 네 번째 덕목이 바로 감사다. 오프라 윈프리가 한 말 중에 가슴에 특히 와 닿았던 문구가 있다. '만약 당신이 당신 앞에 나타나는 모든 것을 감사히 여긴다면 당신의 세계가 완전히 변할 것이다.'

　감사하는 것이야말로 일상을 바꾸는 원동력이다. 가장 쉬우면서도 강력한 방법이 매사에 감사하고 덕분에 할 수 있었다고 말하는 마음에서부터 시작된다. 데보라 노빌은 "어려움을 딛고 크게 성공한 사람들의 공통점은 바로 '감사합니다'란 말을 많이 하는 것이다. 감사하는 삶을 사는 사람들은 병에 대한 면역력이 높았고 보통 사람들보다 10년 이상 더 살았다"고 말했다. 상심하지 않고 있는 것들로 감사하는 삶이 세상을 이기는 힘이다. 감사하다는 생각과 행동을 할 때마다 내 마음속에 자리 잡고 있는 부정적인 생각이나 절망적인 자세도 덩달아서 긍정적인 마인드로 전환되기 때문이다.

나는 매일 잠자리에 들기 전 오늘 하루 있었던 감사한 일을 다섯 가지 정도 나지막이 속삭인다. 오늘도 열심히 운전해준 두 다리에 감사하고, 청중과 호흡했던 순간에 감사하고 부모님과 함께한 저녁에 감사한다. 함께해주는 말벗, 발벗, 마음 벗들에게도 감사의 마음을 전한다. 에너지를 키우는 원동력이 되고 삶의 시선을 긍정적으로 이끌어주는 '감사'라는 가치는 내게 180도 다른 삶을 선물해주었다.

백문불여일견百聞不如一見 백견불여일행百見不如一行. 백 번 듣는 것이 한 번 보는 것만 같지 못하고 백 번 보는 것은 한번 행하는 것만 같지 못하다는 말이 있다. 핵심가치를 수립하는 것에서 그치는 것이 아니라 일상에 적용해가며 실천하는 것이 중요하다. 실제로 해보고 느끼며 입 밖으로 감사의 마음을 표현하고 매사를 따뜻한 눈으로 바라볼 때 세상은 나에게 새로운 깨달음을 주고 감사함을 잊지 않게 만들어주는 배움의 터전이 된다.

내가 변화했기에 실천의 중요성을 누구보다도 실감한다. 우여곡절과 많은 사연으로 온통 얼룩져 있었던 20대 초반의 시기가 내게도 있었다. 세상은 내게 냉혹한 곳이었고 온통 회색빛으로 점철된 희망이 없는 공간이었다. 마음 나눌 수 있는 따뜻한 공간이 아니었다. 침잠하며 바닥으로 내려갔다. 다시 올라갈 힘을 키우고 싶었다. 더 나은 모습에 대한 희망을 품었다. 하지만 방법을 몰랐다. 주위에 조언을 구할 수 있는 깜냥도 되지 못했다. 사람을 멀리하고 힘들었던 시기에 접하게 된 책을 스승 삼아 마음을 정화하고 새로운 세상에 눈을 떴다. 감사일기와 긍정적인 마음가짐이 나를 변화시켜줄 수 있는 쉽지만 가장 강력한 방법이라 판단하고 실천으로 옮겼다. 흘러간 과거를 탓하지 않고 지금 이 순간 살아서 뭔가를 할 수 있다는 기적을 감사하게 생각했다. 더불어 미래에 대한 희망과 기대를 품었다.

덕망 있는 성공한 기업가들은 감사의 마음을 자주 표현한다. 자기 노력은 어찌 보면 당연한 요소다. 혼자의 힘으로는 이루기 어려웠을 일을 함께 고민하고 도움을 준 많은 사람 덕분에 이룰 수 있었다며 말이다. 지인 중 중견기업 D사의 대표 K와의 이야기에서도 이런 모습을 찾을 수 있다. 그는 매사에 감사하다는 말을 많이 하는데 그것이 지금의 자신을 만들었고 말한다. 감사의 표현을 많이 하다 보니 상대에게 오히려 뭐가 그리 감사하느냐며 핀잔을 받은 적도 있다고도 한다.

그는 감사를 표현하는 한 마디 덕분에 오래 알고 지낸 사이가 아니더라도 자신의 성격이나 인격을 상대방이 좋게 받아들이고 오래 기억에 남는 인연으로 발전되는 경우가 많았다고 했다. 진정성과 마찬가지로 감사라는 덕목도 의도하고 무언가를 이루기 위한 목적이나 수단으로 활용해서는 힘을 발휘할 수가 없다. 내면에서부터 우러나오는 마음을 표현하고 조금씩 실천할 때 진면목을 발휘한다. 감사는 감사하다는 생각과 자세로 끝나는 게 아니라 직접 행동으로 옮겨 실천할 때 비로소 가치가 빛난다.

"당신은 운이 좋은 사람입니까?" 경영의 신 마쓰시타 고노스케가 신입사원 면접 때 물어보는 질문이다. 이 질문을 통해 평소에 감사하는 마음을 가지는지를 파악한다. 그는 밑바탕에 감사의 마음이 있는 사람은 지금은 우수하게 보이지 않고 당장은 좋은 결과를 내지 못하더라도 반드시 좋은 인재로 성장해 간다고 말했다. 마쓰시타 고노스케 자신도 건강이 안 좋은 덕분에 건강에 남다른 신경을 썼고 배우지 못한 덕분에 배움의 끈을 놓지 않았으며 극심한 가난 덕분에 더 열심히 일할 수 있었다고 말한다.

만약 마쓰시타 고노스케가 건강이 안 좋아서 자포자기하고 배우지 못했기 때문에 꿈을 포기하며 가난 때문에 주변을 원망했더라면 오늘날 존경받는 경영자가 되지 못했을 것이다. 성공한 사람들은 한결같이 '때문에' 안 됐다고 불평하고 불만을 터뜨리기보다 '덕분에' 오히려 기회를 잡을 수 있었다고 말한다. 덕분德分은 말 그대로 덕德을 나누어준다는分 이야기다. 잘된 사연과 배경에는 언제나 보이지 않는 가운데 도움을 준 수많은 사람이 있다. 덕을 나눠주고 공유하는 가운데 긍정적인 감사 에너지가 교감되고 내면에 파동을 일으키면서 감사 공동체가 생긴다. 고맙고 감사하다는 믿음이 전제될 때 후에 일어나는 모든 일은 튼실한 신뢰 속에서 탄탄한 결실을 맺는다.

나는 "운이 좋은 사람입니다."라는 말을 자주 한다. 강사가 되겠다고 사표를 쓰고 나온 딸을 나무라지 않으셨던 부모님과 언제나 같은 마음으로 응원을 전해주는 나의 사람들 덕분에 지금의 내가 있다고 생각한다. 나에게는 내가 가진 것 이상으로 좋게 평가해주고 가르침을 주는 여러 스승님이 있다. 힘든 과정을 함께 나눈 동료 덕분에 어려움을 견뎌낼 수 있었다. 앞이 보이지 않는 절망적인 상황에서 도움의 손길을 준 사람들 덕분에 강사로서 행복하게 강의하고 있다. 내 능력이라기보다는 운이 좋았다. 내가 이룬 작은 성취도 내가 잘 나서 잘됐다기보다 성장해오는 가운데 직간접적으로 도움을 제공해주고 기회와 무대를 마련해준 인연 덕분이다. "인因은 내 능력으로 내가 잘되는 직접요인이고 연緣은 주변에서 도와주어서 잘되는 간접요인이다. 농사에서 씨앗이 인에 해당한다면 비료나 노동력 등은 연이다. 인도 좋아야 하지만, 연을 잘 만나지 못하면 좋은 결과를 가져올 수 없다."[23]라는 말을 가슴에 새기고 매사가 덕분이라고 생각하고 행동하면서 오늘도 최선을 다해 감사하는 마음으로 살아가려고 노력한다.

말로만 표현하는 것이 아닌 진심으로 그렇게 생각한다. 나를 믿어준 분들에게 감사의 마음을 표현하는 길은 더 열심히 살아가고 내가 받은 만큼 베푸는 것이라 여긴다. "감사합니다. 고맙습니다. 사랑합니다."라고 말하면 말할수록 실제로 그런 삶이 펼쳐지리라고 믿는다. '입버릇 이론'을 만든 작가이자 뇌과학자 사토 도미오의 설명은 이렇다. "뇌의 대부분은 의식보다 잠재의식이 차지한다. 말은 잠재의식을 자극한다. 인간의 뇌는 상상과 현실을 구분하지 못한다. 상상만으로 운동 효과를 낼 수 있고 상상만으로 학습 능력을 높일 수 있다." 입버릇처럼 자주 말하면 그 말이 뇌의 잠재의식에 각인되고 잠재의식은 앞으로 펼쳐지는 현실을 조절해서 말한 대로 이루어질 수 있도록 에너지를 한 곳에 집중하도록 한다는 것이다. 그래서 어느 순간 말한 대로 이루어지는 기적을 맛보는 경우가 발생한다.

마쓰시타 고노스케는 "당신은 운이 좋은 사람입니까?"라는 이 질문에 아무리 우수한 대학을 나온 인재라 하더라도 "아니요. 운이 좋았다고는 생각하지 않습니다."라고 대답하는 사람은 채용하지 않았다. 반면에 "네. 저는 운이 좋았습니다."라고 대답하는 사람은 전원 채용을 했다는 일화는 아주 유명한 이야기다. 성공 가능성을 감사하는 마음을 가지고 있느냐에서 찾은 것이다. 매사에 감사하고 주변의 모든 인연은 내 스승이라고 생각하며 뭐라도 배우고자 하며 상대의 배려를 당연하게 받아들이는 것이 아니라 감사하는 마음을 나눈다면 당신은 당신이 가진 것의 몇백 배 몇천 배의 것을 성취할 수 있다.

감사하는 마음은 겸손한 마음이다. 감사는 자세를 낮추고 배우겠다는 의지의 조용한 표현이다. 매사에 감사하다는 마음과 나는 언제나 부족해서 끊임없이 배워야 한다는 겸손한 자세가 만나 모든 사람에게 존경받고 사랑받는 사람이 된다. 내가 잘된 것도 덕분에 잘된 것이고 실패했거나 생각지도 못한 일을 당했어도 덕분에 좋은 경험을 할 수 있었다고 배우는 자세로 임한다면 우리가 살아가는 삶은 훨씬 더 행복한 삶으로 전환된다. 감사하는 마음은 세상을 긍정적인 눈으로 바라보게 해주는 겸손한 자세는 언제나 나를 낮추고 상대를 높여주려는 노력으로 연결된다. 두 가지 마음과 자세가 만나면 언제나 세상의 모든 것으로부터 배우려는 노력을 포기하지 않고 부단한 자기 변신을 하도록 해준다.

성공의 비결과 행복한 삶으로 가는 지름길이 바로 감사라는 덕목임을 재차 강조한다. 한 사람의 성장 뒤에는 많은 숨은 조력자가 있다. 한 사람이 쌓아올린 전문성도 모두 덕분에 완성된 합작품이다. 삶의 방향을 함께 고민해주고 때로는 눈물이 쏙 빠질 만큼 엄하게 가르침을 주지만 늘 따뜻하고 진심을 담아 당신이 잘되기를 바라는 마음으로 지켜보는 누군가가 있다면 한 번 떠올려보라. 감사한 분들이 떠올랐다면 지금 바로 마음을 표현하라. 뜬금없이 무슨 말을 하라는 거지? 머뭇거리지 말고 "감사합니다." "고맙습니다." 마음을 전해보는 것이다. 감사의 마음을 표현하면 상대방도 나도 더 행복해진다. 물론 스스로 열심히 노력해서 이루어진 성과도 있다. 그러나 모든 성취의 뒤안길에는 언제나 보이지 않는 가운데에서도 묵묵히 자기 할 일을 해내는 사람들이 있다. 정중한 자세로 성심성의껏 대하고 마음속으로 감사하게 생각하라.

부산에서 영어강사로 활동하는 S는 항상 "덕분에 성장할 수 있었다." "덕분에 많이 배웠다." "덕분에 지난날의 나를 돌아봤다."라고 말한다. 본인을 힘들게 한 사람의 이야기를 할 때도 비난하기보다는 나에게 어려움과 사람에 대한 공부를 더 시켜주기 위해 내 앞에 나타났던 것 같다고 말한다. 그 사람 덕분에 소중한 것을 깨달을 수 있어서 오히려 고맙다는 이야기를 하는 S의 얼굴은 정말이지 늘 행복함이 가득해 보인다. 반면교사라고도 있지 않은가? 어렵고 힘든 상황도 어찌 보면 내면의 근육을 더 강하게 만들기 위한 좋은 기회였다고 말한다. 그런 S를 보면서 나 역시도 많은 내적 성장을 할 수 있었다. 이 자리를 빌려 다시 한 번 감사의 마음 표현한다. 늘 활기차고 주위에 감사함을 전하는 덕분인지 S의 주변에는 그와 함께하고자 하는 사람이 많이 모이고 도와주려는 사람들로 넘쳐난다.

감사하다고 생각하는 사람 주변에는 감사하다고 생각하는 사람이 모이게 돼 있다. 감사하다고 생각하는 사람은 자기 기분 내키는 대로 사람을 함부로 대하지 않고 나 이외의 모든 사람 덕분에 내가 존재한다고 생각한다. 감사하다고 생각하는 사람 주변에는 언제나 감사의 에너지가 넘쳐흐르고 입가에는 환한 미소가 끊이지 않으며 행복감 또한 넘쳐 흐른다. 반면에 때문에 안 됐다고 불평하고 불만을 터뜨리는 사람 주변에는 언제나 부정적인 에너지로 가득 찬 사람들이 몰린다. 언제나 이들 주변에는 무겁고 어둔 기운이 바닥을 수놓으면서 암담한 미래를 걱정하며 매사에 짜증을 내는 사람들이 끼리끼리 몰려다니면서 에너지를 떨어뜨리는 집단을 만든다. 세상을 바라보는 시각의 차이가 삶의 질에서도 그대로 나타난다. 감사하다고 생각하고 행동하는 사람 주변에는 언제나 일을 같이하자는 사람이 넘쳐나지만, 불평을 터뜨리고 불만을 토로하는 사람 주변에는 언제나 그런 사람만 몰려 있게 된다. 나의 존재 자체가 감사할 일이며 나의 탄생은 경이로운 기적이다. 여기서부터 삶은 긍정적인 기운이 솟아나면서 감사한 삶이 펼쳐진다.

한 번 받은 은혜는 절대로 잊지 않는다는 뜻의 고사성어인 '결초보은結草報恩'에 대해 생각해보자. 이런 마음을 가진 사람은 모든 걸 덕분에 잘됐다고 생각하기 때문에 언제나 감사하는 마음을 한순간도 잊지 않고 성심성의껏 상대방을 대한다. 감사는 '덕분에' 잘됐다고 생각할 때 비로소 다가오는 미덕이다. 내가 이제까지 성취한 모든 것이 나 혼자만의 외로운 노력의 산물이 아니라 다른 사람들이 도와주고 이끌어준 덕분이라고 생각하면 표정이 밝아지고 매사를 긍정적으로 생각할 수 있게 된다. 좋지 못한 일이나 기대했던 바와 전혀 다르게 실망스러운 일이 일어났을 때 또는 생각보다 충격이 큰 실패를 체험했을 때조차도 '덕분에' 더 많은 것을 배울 수 있었다고 감사하는 사람은 실패에서도 배움을 얻는다. 실패를 잘못된 실수의 누적이나 치명적인 폐해라고 생각해서 덮어둔다면 몸과 마음은 물론 살아가는 기운조차 회복하기 어려워진다. 모든 걸 '덕분에' 잘됐다고 생각하는 순간 화가 복이 되고 전화위복이 된다. 불평불만의 대상을 오히려 그 상대방 '덕분에' 다르게 생각해서 새로운 가능성을 긍정적으로 검토할 수 있게 됐다고 생각할 때 세상은 감사해야할 일의 천국으로 변화된다. 지금 당장 실천해보라. 작은 실천이 큰변화를 하고 온다. 감사를 실천하기 위해서는 어떤 준비도 시간도돈도 필요하지 않다. 그냥 감사하다고 표현하고 그렇게 살아가면 된다. 감사함을 표시하는 유일한 방법은 지금 감사하다고 표현하는 것이다.

치유로 더불어
행복한 세상을 만들어라

따뜻한 가슴으로 세상의 아픔을 감싸 안고 있는가

●

그대의 얼굴은 짓밟힐지언정 마음만은 무엇에도 짓밟히지 말아야
한다.
눈을 안으로 떠라. 그대가 찾는 것은 그대의 마음속에 있다.
이제까지 발견하지 못했던 새로운 것이 거기에 있을 것이다.
그대 마음속에서 얻은 것이 진정 그대의 것이다.
－헨리 데이비드 소로

우리는 삼포세대를 넘어선 오포세대, 칠포세대로 부르며 스스로
자포자기 상태로 몰아가고 있다. 삼포세대라는 말은 2011년도에 처

음으로 등장했다. 경기불황의 장기화로 취업은 낙타가 바늘구멍 통과하기에 비유될 만큼 어려워졌다. 그로 인한 불안정한 일자리는 우리 청년들을 빚더미에 앉게 했다. 떨어질 줄 모르는 실업률과 치솟는 집값 등으로 연애, 결혼, 출산을 포기한 세대를 비유적으로 표현한 것이다. 요즘은 더 나아가 연애, 결혼, 출산, 인간관계, 집, 꿈, 거기에 희망까지 포기했다는 것을 일컫는 칠포세대를 넘어 포기해야 할 특정 숫자가 정해지지 않고 여러 가지를 포기해야 하는 N포 세대라는 말도 등장했다.

꿈이 없고 아무런 비전도 없이 산다는 것은 정말 불행한 일이다. 우리는 행복해야만 한다. 그 누구도 불행을 원하지 않는다. 불행은 때와 장소 상관없이 사람을 가리지 않고 찾아온다. 무한 경쟁에서 도태되지 않기 위해 노력하지만 마음속은 불안감과 증오로 가득 찬다. 아무리 노력해도 발전이 없는 스스로에게 증오심이 생기고 가난의 굴레는 영원회귀처럼 삶에 단단하게 들러붙어 우리의 삶을 잠식시킨다.

결혼 적령기가 훨씬 지났음에도 아직 결혼은 엄두도 내지 못하고 있는 지인이 있다. 연인과 2년 정도 만나왔고 여전히 서로 너무 사랑하는 게 눈에 보이는 예쁜 커플이다. 양가 어른들의 결혼 성화에도 30대 중반인 남성과 이제 막 30대가 된 그의 여자 친구는 결혼을 주저하고 있다. 하늘 높은 줄 모르고 치솟는 전셋값과 미래에 대한 불안감 그리고 막중한 생활비 부담으로 선뜻 결혼을 결정하지 못하는 것이다. 남자는 여자 친구와 결혼을 하고 가정을 꾸리고 싶은 마음은 굴뚝같지만 자신의 어려운 상황을 여자 친구에게 이야기하기가 미안하고 준비가 안 돼 있는데 결혼이야기를 꺼내서 부담을 주게 될까 봐 두렵다는 이야기를 했다. 나는 양쪽의 이야기를 다 들을 수 있었다. 여자로서는 지금은 본인도 일하는 상황이기에 건강하고 젊은 두 사람이 열심히 일하고 조금씩 모으며 살 수 있다고 생각은 하지만 결혼을 하고 출산과 육아를 하게 됐을 때 경력이 단절되고 혼자 벌어서 과연 아이를 양육하는 것이 가능할지 상상하면 눈앞이 캄캄하고 숨이 막혀온다고 이야기했다.

많은 20~30대의 결혼 적령기에 있는 사람들이 이러한 문제로 결혼하지 않는다. 결혼했더라도 출산을 미루는 것이 현실이다. 인구절벽이라는 말이 나올 정도로 출산율은 급감하고 있고 이 문제는 국가 위기로까지 이어진다. 현대 사회의 위기와 불안감은 청년층에만 국한된 것은 아니다. 기대수명의 연장과 노후준비 부족으로 극빈층으로 전락하는 노년층의 위기도 심각한 수준이다. 폐지를 주워가며 근근이 살아가는 노인부터 퇴직 후 경험과 준비 없이 자영업에 뛰어들었다가 남아 있는 노후 자금마저 잃게 되는 경우가 비일비재하다.

세대마다 저마다의 처지와 입장에 따라 힘든 시기를 보낸다. 구조적인 모순과 정치적 불안의 징후들이 현실로 나타났고 그로 인해 많은 사람이 가슴에 무거운 돌덩어리를 하나씩 안은 채 해소하지 못하고 고민한다. 반복되는 일상 속에서 꿈도 희망도 없이 무의미한 삶을 살아가고 하루하루 버텨내고 있는 사람들이 많다. 자신의 문제를 허심탄회하게 열어놓고 깊이 생각하고 돌아볼 겨를이 없는 우리는 너무나 치열하고 냉혹한 사회에 살고 있다. 꿈과 희망을 상실한 채 자신이 몰락하는 느낌에서 결코 자유롭지 못한 현대인들은 대안으로 또 다른 무언가를 욕망하고 그 결핍을 채우기 위해 무작정 내달린다. 그러면서 자신을 점점 잃어버리는 느낌을 받고 소진돼 가는 악순환이 반복된다. 냉혹한 현실 속에서 외롭고 고독한 현대인은 여리고 여린 방황하고 있는 자아를 보호받기 원한다.

보호막의 방편으로 '치유' 관련 산업이 성행하고 있다. 삶이 힘들고 인생 여정에서 상처받는 경우가 많다 보니 오늘의 우리는 스스로 치유할 수 있는 자생력을 잃어간다. 지친 마음을 달래는 방법도 모른 채 힐링 캠프, 힐링 여행, 힐링 음악, 힐링 운동법 등 치유의 해답을 밖에서 찾으려 노력한다. 치유라는 개념이 의료기관에만 한정된 것이 아닌 미술치료, 음악치료, 웃음 치료 등의 새로운 영역으로 확대되고 있다. 현대 사회는 '치유'와 '힐링'이라는 용어의 홍수 속에 있다 해도 과언이 아니다. 이처럼 사회를 휩쓸고 있는 '힐링'이라는 용어에서 오히려 진정한 행복을 찾지 못한 현대인들의 공허함이 느껴진다. 혼자의 힘으로 어찌할 수 없을 만큼 어려운 상황에서 이러한 것들로부터 도움받고 치유의 힘을 기르는 것도 좋은 방법이다.

하지만 나는 힐링의 주체는 스스로가 돼야 한다고 생각한다. 끊임없이 자신의 표면에서 내면으로 시선을 돌려야 하며 정면에서 이면을 보도록 관심을 기울여야 한다. 치유의 주체는 오롯이 '나'여야 한다. "불행의 원인은 늘 나 자신이 만든다. 나 이외에는 아무도 나의 불행을 치료해줄 사람은 없다. 내 마음이 불행을 만드는 것처럼 불행이 나 자신을 만들 뿐이다." 파스칼의 말이다. 그의 말과 같은 맥락으로 우리는 흔히 스트레스를 받는다는 표현을 사용한다. 누군가가 억지로 나에게 밀어 넣어주는 것이 아니라 내가 내 의지로 받아들이는 것이다.

자신의 마음에서 시작된 불행이기에 불행한 상황을 변화시키는 주체도 스스로가 돼야 한다. 자신을 들여다보지 않고 자기 관심의 의미가 타락한다는 것은 진정한 자아에 대한 무관심으로 자신을 사랑하고 있지 않다는 것과 동의어다. 내가 바라보는 '치유'의 관점과 동일한 맥락으로 프로듀서pro-ducer의 의미는 라틴어 어원 '프로두체레pro-ducer'는 인간만이 가진 고유한 힘을 '안에서부터 이끌어낸다.' 혹은 '보이도록 끌어내다'에서 유래한다. 내가 찾는 답은 밖에 있지 않고 내 안에 있으며 진정한 의미의 치유는 밖의 도움으로 나를 일으켜 세우는 게 아니라 잠자고 있는 내면의 힘으로 스스로를 일으켜 세우는 과정이라는 의미다. 겉으로 보이는 육체적 근육만 단련시킬 것이 아니라 보이지 않는 내면의 마음 근육을 단련시켜 단단하게 만들 필요가 있다. 마음 근육도 신체 근육처럼 단련하면 단련할수록 시련과 역경을 견뎌낼 힘이 생긴다. 우리가 찾는 마음의 평화는 밖에서 오지 않고 바로 우리 안에 있다는 사실을 숙지할 때 비로소 치유의 문은 열리기 시작한다.

우리가 치유와 비슷한 의미로 많이 사용하는 힐링의 어원을 살펴보면 '힐heal'은 전체, 완전함, 병이 없는 상태를 의미하는 '홀니스wholeness'와 복원 혹은 회복을 의미하는 '레스토레이션restoration'이라는 두 개념과 밀접한 관계를 지닌다. 즉 원래의 건강하고 순수한 상태로 되돌린다는 의미다. '힐링Healing' 역시 건강의 복원이란 뜻뿐만 아니라 '전체(완전함, 결핍이 없는 상태)의 복원restoration of wholeness'이라는 비유적 의미를 함께 지닌다. 이 말을 통해 알 수 있는 것은 원래의 순수한 상태를 타인이 되돌릴 수는 없다는 것이다. 자신의 모습을 들여다보고 행복하고 즐거운 상황에 대한 충분한 돌아봄을 가진 후 자기 노력으로 치유할 수 있다.

치료는 아픔을 해소해주지만 왜 아픈지를 설명해주지 못한다. 치유는 증상과 병상을 보기 이전에 왜 내가 아픈지를 스스로 돌아보게 하면서 자가 극복방안을 적극 모색하는 노력을 해보게 한다. 치료는 남의 도움이 있어야 가능하다. 하지만 치유는 내가 마음먹기에 따라 얼마든지 스스로 다시 태어날 수 있다. 치유의 시작은 헛된 욕망의 거품을 걷어내고 내가 누구인지 어디로 가고 있는지, 왜 가는지 등 성찰적 물음을 통해 자기 정체성을 탐구하는 것이다. 치유를 하는 목적은 남의 욕망을 꿈꾸며 사는 삶을 포기하고 핵심가치대로 살아가는 것, 자기답게 사는 것이다. 치유의 완성은 자존감 회복이다. 비록 상처로 얼룩져 있고 삶을 살아내는 고통에 힘들지라도 우리의 삶은 풀어야 할 숙제가 아니라 살아내야 할 신비다.[24]

산산조각
산산조각이 나면
산산조각을 얻을 수 있지

산산조각이 나면
산산조각으로 살아갈 수 있지
-정호승

 살아가면서 스스로의 삶을 반추해보면 분명 자신이 이루고자 했던 것이 기대에 미치지 못했거나 그로 인해 좌절감과 무기력함을 느꼈던 순간들이 존재한다. 현실의 벽에 부딪혀 좌절감과 분노를 느끼며 자신의 자존감에 스스로 생채기를 낸 적도 있다. 하지만 정호승 시인의 시처럼 무너지면 무너진 대로 얻는 것이 있고 아픔과 상처 속에서도 분명히 건져 올릴 희망의 빛이 있음을 명심하자.
 힘듦 속에서도 삶의 모순들과 다채로움을 포용하는 것, 그럼에도 웃고 즐길 수 있는 능력을 회복하는 것, 건강하게 자신과 마주하며 열린 마음으로 타인과 관계 맺는 것, 삶의 모험을 떠나며 두려움을 극복하는 것, 정당한 분노를 정당한 방식으로 표출하며 정신적 평화를 유지할 힘을 기르자. 그 힘은 외부가 아닌 내 안에 있음을 명심하자. 그렇기 위해서 핵심가치 중 치유의 중요성에 대해 다시 깊이 생각해볼 필요가 있다. 스스로의 마음을 다스리고 관계에서도 우리는 존재만으로도 이 세상에서 대체 불가능한 특별한 사람으로 존재하기 때문이다.
 틱낫한 스님도 "화가 풀리면 인생도 풀린다."라는 말씀을 하셨다. 우리는 행복한 삶을 영위하고 싶어 한다. 우리는 모두 행복해야만 한다. 우리는 행복해지기 위해서 마음속에 있는 아직 발견하지 못한 무언가를 찾아내고 마음이 하는 소리에 귀 기울여야 한다. 내적 요인을 잘 들여다보고 보듬어주는 방법이 외부로부터의 타율적 치료보다 효과적이다. 불이 난 집의 불을 어떻게 해야 잘 끌 수 있는지 방법을 개발해서 불을 끄는 요령을 가르쳐주는 것보다 화재가 나지 않도록 근원적인 대안을 마련하고 더욱 장기적인 차원에서 화재 예방책을 강구하는 것이 필요하듯 대증요법적 단기 치료보다 근원적 장기치료가 필요하다. 마찬가지로 사람에게 힐링을 통한 치료가 필요하다고 지금 당장 써먹을 치료방안을 강구하는 노력보다 왜 인간이 이토록 불행한 삶을 살면서 피곤하고 지루한 인생에 휘말리고 있는지 근원적인 대안을 마련해 사람들이 보다 행복하게 살 수 있는 더 장기적인 차원의 치유방안을 마련하는 것이 급선무다.

웰빙 열풍이 지나간 곳에 유행처럼 힐링이 자리 잡았다. 여러 기업체에서 임직원들의 스트레스 해소를 위한 프로그램을 도입하기에 바빴다. 스트레스 매니지먼트, 컨디션 트레이닝, 힐링 등이 모두 비슷한 맥락의 강의이다. 기업체, 공공기관에서 많은 청중과 함께 시간을 보냈지만 특히 2016년 초에 모 건설회사에 강의를 다녀온 일이 기억에 많이 남는다. 교육담당자와 나누었던 말이 가슴속에 남아 있기 때문이다. 스트레스 관리, 힐링에 대한 콘텐츠로 두 시간 동안 사원부터 임원까지 200여 명의 인원을 대상으로 하는 총 3회로 진행된 강의였다. 강의가 확정된 후 교육담당자에게서 전화가 걸려왔다. 1차수 강의하는 전날이었는데 사전에 전달할 사항이 있으니 강의 시작 1시간 전에 와달라는 이야기였다. 여유 있게 도착 후 담당자를 만났다. 간단히 인사를 나눈 후 강사 대기실에서 차 한 잔을 마시게 됐다.

내게 건넨 담당자의 표정과 어조가 지금도 이상하리만큼 생생하다. 크게 한숨을 쉰 후 나지막한 목소리로 나눈 첫 말씀이 "우리 회사에는요. 암 환자가 많아요."였다. 거기에 덧붙여 본인도 얼마 전에 갑상선암 수술을 했고 전임 사장님도 위암 수술을 했으며 부서마다 암 투병 중이거나 스트레스로 건강악화를 겪는 사람이 많다고 했다. 씁쓸한 표정으로 행복한 인생을 살기 위해서 우리는 가정을 꾸리고 또 가족의 행복을 위해서 직장에 나와서 일을 하는데 행복하지가 않다고 했다. 덧붙여 업무적인 스트레스도 심하지만 관계에서 오는 감정적 소비가 아주 힘들다 하면서 오늘 우리 임직원을 확실히 힐링시켜줬으면 좋겠다는 이야기를 했다. 스트레스가 많은 사람들이니 적어도 강의 듣는 두 시간만큼은 많이 웃고 가벼운 마음으로 행복함을 느끼면 좋겠다는 그 말에 나는 잠시 아무 말을 할 수 없었다. 내가 하는 강의가 과연 이렇게 아프고 힘든 사람의 마음을 어루만져줄 수 있는 것인가? 내가 하는 게 제대로 된 방법인가? 정말 강의를 듣는 사람들이 필요로 하는 내용을 내가 전달하는 것일까? 나는 이런 강의를 할 자격이 있는 사람인가? 무거운 책임감이 어깨에 내려앉았다. 그날 이후로 강의에 대해 더 고민하게 됐다.

그 말씀에 대한 대답이 "죄송합니다. 저는 그럴 만한 능력이 없습니다."였다. 담당자는 놀란 표정을 지었다. 그럴 능력이 없는 사람이라는 말이 어떤 뜻인지 물어왔다. 그때나 지금이나 힐링 강의에 대한 내 생각은 똑같다. 당시 했던 말을 종합해보면 힐링이라는 것은 누군가의 강의를 듣는다고 해서 갑작스레 상대의 아픔이 치유되는 것은 아니다. 물론 위로가 될 수는 있겠지만 내가 모든 것을 치유할 수 있다고 자신하는 것은 내 기준에서는 자만이다.

앞서 말한 것처럼 행복은 각자의 마음 안에 있다. 다만 강의를 통해 강사 본인의 경험이 담겨 있는 체험적 지혜를 전하고 이야기를 듣는 청중의 마음속에 있는 치유의 힘을 깨우는 열쇠 역할을 한다고 하면 적당한 표현일까? 공자의 말씀 중 만물개비어아萬物皆備於我가 있다. 세상 모든 것이 다 내 안에 준비돼 있다는 의미이다. 인간다움, 나다움을 구현할 수 있는 잠재적 가능성은 이미 우리가 가지고 있다. 나는 감히 타인의 상처를 치유할 능력이 있지 않다. 이른바 힐러healer가 아니다. 다만 마음속에 이미 준비돼 있고 갖춰져 있는 힘들을 함께 강의를 통해 울고 웃고 생각하며 '아, 나도 이런 에너지가 있는 사람이었지!' '나는 소중한 존재지!'라는 것을 함께 알아가는 시간이 되는 것으로도 너무나 가슴 벅찬 경험을 매번 하고 있다. 강의를 통해서 스스로에게도 그런 생각들을 잊지 않도록 반복하는 중이다.

칠레의 시인 파블로 네루다의 『질문의 책』을 보면 이런 구절이 있다. '나였던 그 아이는 어디에 있을까? 아직 거기 있을까? 아니면 사라졌을까?' 이 글을 처음 봤을 때 먹먹함이 가슴을 한껏 조여오던 그 느낌을 잊을 수가 없다. 치유되기 위해서는 우선 내 마음을 직시할 필요가 있다. 피하지 말고 내면의 소리에 귀 기울여야 한다. 상태를 확실히 파악하는 것이 치유라는 핵심가치를 실천할 수 있는 첫 번째 방법이다. 나였던 그 아이를 찾아야 한다.

내 상태를 파악했다면 두 번째는 서양 속담인 "행복해지려면 다른 사람에게 지나친 관심을 두지 말아야 한다."라는 말을 새겨볼 필요가 있다. 처음 강의를 시작했던 일명 새싹 강사 시절의 이야기다. 강사로 3년을 버티기가 어렵고 대부분이 그전에 포기하거나 이직을 한다는 이야기를 늘 들을 정도로 상황이 어려웠다. 하지만 꿈과 희망이 있기에 주저함 없이 최선의 노력을 했다. 시간이 될 때마다 강의력을 향상시키는 데 도움이 되는 강의를 찾아다니며 공부도 하고 스터디 모임을 만들어 비슷한 시기에 강사의 꿈을 키우는 친구들과 선의의 경쟁을 하며 꿈을 키워갔다. 시강을 하다 보면 같은 주제지만 십인 십색의 내용과 방법을 배울 수 있어서 다양한 경험을 쌓는 데 큰 도움이 됐다. 하지만 안타깝게도 모임이 진행될수록 우물 안 개구리처럼 그 안에서 시기와 질투하는 무리가 생겨났다. 서로 깎아내리기 바빴다. 우리가 나아갈 곳은 저 앞인데 고만고만한 무리 안에서 다툼이 잦다 보니 발전이 없었다. 결국 서로에게 마이너스가 된다는 판단하에 모임은 1년을 채 넘기지 못하고 해체됐다. 남과 비교하는 마음 때문에 상대의 진면목을 보지 못했고 동반 성장할 기회를 실기했다.

구름이 걷히면 청산이고 마음만 바꾸면 그 자리가 극락이다. 행복은 자기 마음에 달린 것이다. 남과 비교하지 말고 어제의 나와 비교하는 건설적인 마음가짐이 치유의 두 번째 덕목이다. 언제나 경쟁자는 존재한다. 지금 내 주위를 비교하려는 마음으로 보게 되면 객관적인 기준에서 강의력, 학력, 인성이 더 나은 사람이 너무나 많다. 그들과 비교하는 순간 너무나 작아지고 치유로 가는 마음이 어지럽혀질 것이 자명하다. 나는 그들과 비교하지 않는다. 핵심가치를 중심으로 제 갈 길을 묵묵히 가며 내 색깔대로 인생을 걸어간다. 유일무이한 나만의 빛깔로 전인미답의 길을 가기에 행복하다.

진정한 치유를 위해서 커뮤니데아 마스터 코치가 주로 추구하는 소통의 관점에서 본다면 상대를 진정으로 가슴으로 생각하고 공감하는 것 역시 서로의 상처를 치유하는 최상의 방법이다. 지금까지 개인의 치유와 내면적인 부분에 관해 이야기했다면 이제는 너, 나, 우리의 관계 속에서 발생하는 아픔을 치유하는 데 힘쓰는 것도 생각해봐야겠다. 치유는 병원의 의사만 하는 게 아니다. 약은 약방에만 있지 않다. 현대의 사람들이 겪고 있는 다양한 아픔은 병원의 의사진료로 치유될 수 없는 마음의 상처이며 약방의 약으로 치료될 수 없는 심통心痛이다. 인간이 겪는 아픔은 대부분 관계의 아픔이다.

소통 의사 입장에서 바라본 치유의 방법은 이런 관계의 아픔에 귀를 기울이는 것이다. 사람과 사람의 관계가 원활하지 않으면 관계가 경계로 바뀌면서 벽이 생기고 담이 형성되면서 생기는 불통不通이 결국 심각한 통증을 동반하게 된다. 최고의 의사는 심의心醫다. 마음으로 마음을 치유하는 의사가 최고의 의사다. 우리는 마음이 아프고 몸이 아플 때 근본적인 원인을 알아보고 해결하는 대신 약부터 찾는다. 정작 가장 중요한 마음은 안중에도 없다. 인간의 아픔은 바로 인간관계의 아픔과 직결된다. 특히 우주와 자연의 음양오행설에 따라

선 순환적으로 흐르는 에너지가 인간의 오장육부와 원만한 관계를 유지하면서 소통하면 몸과 마음은 더없이 건강해진다. 하지만 그 관계에 문제가 생기면 통증이 유발되면서 몸, 마음, 그리고 인간관계의 아픔이 곳곳에서 발병된다.

많은 사람이 경험했듯 직장이라는 공간은 늘 보이지 않는 치열한 경쟁이 존재하며 진실된 마음을 나누는 것보다는 적당한 거리를 두고 관계를 맺는 경우가 대부분이다. 심리학에서는 상처받지 않기 위해 일정한 거리를 두고 자기 자신을 방어하려는 사람의 심리를 '고슴도치 딜레마'라고 한다. 아무렇지 않은 듯 가면 속에 자신의 모습을 숨기며 살아가고 집에 가서도 가족들이 걱정할까 봐 혹은 가장으로서 약한 모습을 보이지 않기 위해 아무렇지 않은 듯 행동하다 보니 내 마음을 돌아볼 겨를이 없다. 아픈 상처를 치유할 새가 없이 계속 덧난다.

우리는 조금 다른 관점에서 이것을 들여다볼 필요가 있다. 고슴도치는 추운 겨울에 체온을 유지하고 추위를 이겨내기 위해서 한 덩어리가 된다. 서로의 가시로 인해 상처를 입고 아파지자 다시 멀찍이 떨어진다. 하지만 추위를 견딜 수 없기에 고슴도치들은 다시 서로 한몸이 된다. 반복된 과정을 통해 상대의 가시에 상처받지 않으면서도 체온을 느낄 수 있는 적당한 거리를 발견하게 된다. 지금 타인과의 관계 속에서 힘듦이 있다면 서로 합당한 경계를 찾기 위해서 고통스러운 과정을 반복하는 단계라고 생각하고 마음을 편히 가져보는 것은 어떨까?

사람의 마음이 너무 아플 때는 혼자서는 아픔을 이겨내는 데 지나치게 오랜 시간이 걸리거나 해결을 못 할 수도 있다. 그때 마음이 맞는 누군가와 대화를 하는 것만으로도 많은 부분이 치유된다. 마음과 마음이 통하기 위해서는 올바른 소통의 선순환이 필요하다. 우리는 인간관계 속에서 많은 상처를 받는다. 하지만 그 상처를 치유하는 것도 사람이다. 인간은 관계를 떠나서는 행복할 수 없다. 의도했건 의도하지 않았건 여러 관계 속에서 성장하고 사회화 과정을 거치며 살아간다. 그 인연 속에는 나와 눈빛만 봐도 통하는 사이가 있는가 하면 정말 힘들고 안 맞는다고 여기는 사람들도 있다.

신영복 선생도 『담론』[25]에서 이런 말씀을 했다. "기쁨과 아픔의 근원은 관계이다. 가장 뜨거운 기쁨도 가장 통절한 아픔도 사람으로부터 온다. 물건으로부터 오는 것이 아니다." 기쁜 것도, 아픈 것도, 슬픈 것도 미운 것도 따뜻함을 느끼는 것도 감사한 것도 내 모든 감정은 다 함께이기에 느낄 수 있는 행복이라는 생각이 든다. 함께해주는 소중한 인연들 덕분에 내가 진정으로 치유할 힘을 얻는 것이라 여기고 사람에게 받은 상처를 다른 사람 덕분에 치유 받을 수 있다.

진정한 치유를 위해서는 첫 번째 내가 누구인지 내면의 소리에 귀를 기울이고 내 행복은 내 마음에 있다는 것을 잊지 말아야 할 것이다. 나와 대화하지 않고 밖으로 향하면서 내가 누구인지도 모른 채 남들처럼 살아가려는 욕망이 사람을 불행하게 만드는 장본인이다. 두 번째 남과 비교하는 마음을 과감히 버렸을 때 진정한 치유의 길에 가까워진다는 것을 명심하자. 모든 불행의 근원은 남과의 비교다. 진정한 비교 대상은 남이 아니라 어제의 나다. 나는 어제의 나와 비교해볼 때 무엇이 달라지고 있는지를 묻고 답하는 길이 자기 치유의 시작이다. 세 번째 상대를 인정하고 열린 마음으로 소통하는 자세를 가져야 한다. 내 생각도 틀릴 수 있으며 나와 다른 수많은 사람도 자기만의 존재 이유와 개성이 있음을 인정할 때 나의 행복과 더불어 나와 함께하는 사람도 더불어 행복할 수 있음을 깨닫는 것이다. 치유의 시작은 나 자신이다. 내가 누구인지 나는 나로서 살아가고 있는지를 진지하게 성찰할 때 유행과 시류에 따라 중심을 잃고 무턱대고 앞만 보고 달려가지 않는다. 나의 중심인 핵심가치대로 생각하고 살아가면서 가치를 같이 나눌 수 있는 사람과 더불어 소통하면서 행복한 인간관계를 만들어나가는 노력 자체가 나 이외의 다른 사람을 치유하는 길이다.

지금까지 설명한 다섯 가지 핵심가치를 한 장의 그림으로 도해하면 다음 그림과 같다. 그림에서도 보여주는 바와 같이 5대 핵심가치의 근본이자 기둥은 진정성이다. 진정싱이 무너지면 도전, 열정, 감사, 치유도 함께 무너진다. 진정성이 없는 도전과 열정은 남에게 보여주기 위한 무모한 과시 행위이자 지나친 탐닉이다. 진정성이 없는 감사는 조건을 내포하는 접대일 수도 있으며 진정성이 기반이 되지 않는 치유는 단순한 돈벌이 수단으로서의 치유로 전락할 수 있다. 진정성은 내 삶의 기반이자 근본이다. 감사는 5대 핵심가치의 심장에 해당한다. 감사는 매사가 덕분에 잘됐다고 생각하는 고마운 마음이자 겸손함의 미덕이다. 오늘의 나로서 성장하고 지금보다 더 나은 나

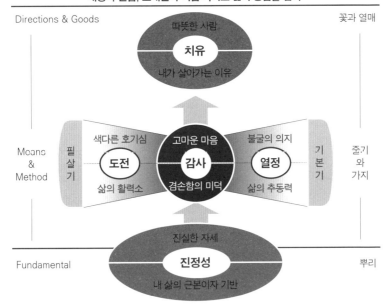

세상의 진심, 오세진의 핵심 가치로 삶의 중심을 잡다

Directions & Goods ...... 꽃과 열매

따뜻한 사람
치유
내가 살아가는 이유

색다른 호기심   고마운 마음   불굴의 의지

Means & Method ...... 줄기와 가지

필살기   **도전**   **감사**   **열정**   기본기

삶의 활력소   겸손함의 미덕   삶의 추동력

진실한 자세

Fundamental ...... 뿌리

진정성

내 삶의 근본이자 기반

로 부단히 변신하는 과정에도 수많은 사람의 직간접적인 도움 덕분이다. 덕분에 잘됐다고 생각하는 감사의 미덕을 중심에 두고 도전하고 열정적으로 살아가려는 노력은 내가 현실에 안주하지 않고 부단히 변신하게 만드는 양 날개다. 도전은 지금 여기에서의 삶에 안주하지 않고 호기심을 갖고 미지의 세계로 뛰어드는 내 삶의 활력소다. 도전이 없다면 내 삶도 활기를 잃을 것이다. 열정은 도전과 함께 불굴의 의지를 갖추고 목표를 향해 매진하게 하는 내 삶의 추동력이다. 도전이 내가 아니면 그 누구도 쉽게 할 수 없는 나만의 필살기를 꾸준히 개발하는 능력이라면 열정은 주어진 도전과제를 포기하지 않

고 꾸준히 갈고 닦는 기본기 연마에 필요한 에너지의 원천이다.

　도전, 열정, 그리고 감사는 나무로 따지면 줄기와 가지에 해당하고 진정성이라는 뿌리로 더욱 성장할 수 있는 미덕이다. 마지막으로 치유는 진정성을 기반으로 감사하는 마음, 도전, 열정이라는 방법과 수단을 통해 궁극적으로 달성하고 싶은 목적이자 꽃피우고 싶은 아름다운 열매다. 그래서 치유는 네 가지 핵심가치를 종합해서 이루고 싶은 내 꿈의 열매이자 내가 살아가는 이유다. 치유는 무엇보다도 따뜻한 사랑을 매개로 아름다운 인간관계를 만들어 더불어 행복한 공동체를 만들어가는 궁극적인 가치에 해당한다.

5장

Wow!

와우! 핵심가치 찬가

와우Wow!는 생각지도 못한 깨달음을 얻었을 때 자신도 모르게 터져 나오는 감탄사다. 감탄사는 기대 이상의 의미가 발견될 때 나오는 탄성이다. 와우! 감탄사는 핵심가치 중심으로 살아가면서 삶의 매 순간 느끼는 행복감에서 비롯된다. 남과 비교할 수 없는 고유한 나만의 삶, 그 자체가 와우다. 개인의 핵심가치로 살아가는 고유한 삶이 다른 사람과 어울려 공유될 때 개인 차원의 와우는 공동체 차원의 와우로 울려 퍼진다. 같은 맥락으로 내 삶의 가치를 드러내는 삶이 나는 물론 다른 사람에게도 공감되고 공명될 때 와우라고 자신도 모르게 표현된다. 지금까지 이 책에서 일상에 존재하는 행복한 삶에 관해 이야기해왔다. 진정한 와우는 이제 책을 벗어나 책에서 배운 대로 실천하는 가운데 일어난다. 여기에 안주하지 않고 핵심가치대로 미지의 세계를 향해 떠나는 호모 코어밸리우스야말로 진정한 와우가 아닐까!

핵심가치 중심의 삶,
감동을 넘어 감탄으로!

앙드레 지드의 『지상의 양식』[26]이라는 책의 끝 부분을 보면 '찬가-결론을 대신하여'라는 글이 나온다. 찬가에는 밤하늘의 수많은 별이 빛나는 이유와 별자리에 따라 저마다 자기 길을 가는 별들의 법칙이 기술돼 있다. 앙드레 지드의 찬가에 관한 글을 보면서 여기에서 이야기하는 별에 관한 내용이 내가 시종일관 주장해온 나만의 별자리, 즉 핵심가치와 일맥상통한다는 점을 직감적으로 느꼈다. 또한 찬가에 나오는 별이라는 단어를 핵심가치로 바꿔서 읽어봐도 여전히 동일한 의미를 지니고 있음을 알 수 있었다.

이 책의 결론을 어떻게 쓸까 고심하던 차에 우연히 만난 앙드레 지드의 『지상의 양식』만큼 일상에서 내 삶을 이끌어가는 기준이자 등불인 핵심가치를 잘 나타낸 글이 또 있을까? 핵심가치는 내게 있어 칸트가 말한 내 마음의 도덕법칙이자 나다울 수 있도록 제자리를 지키게 해주는 별자리다. 이러한 마음을 담아 결론을 대신해 핵심가치 찬가를 생각하게 됐다.

"나는 저 모든 별들의 이름을 알아요. 저마다의 별에는 여러 가지 이름이 있지요. 별들은 각기 다른 덕목들을 가지고 있어요…… 어떤 내밀한 의지가 저들을 충동하고 인도하고 있어요. 저들은 미묘한 열광에 불타올라 마침내 타버려요. 그래서 별들이 휘황찬란하고 아름다운 거예요."

앙드레 지드의 『지상의 양식』의 구절을 통해 알 수 있듯이 별은 저마다의 이름을 가지고 뜨겁게 빛을 발산한다. 별은 어두운 밤을 각기 다른 빛으로 수놓으며 자신의 존재감을 드러낸다. 별들은 각기 다른 색깔과 에너지로 밤하늘을 밝힌다. 밤하늘에 빛나는 별들이 저마다의 이름을 갖고 있듯 내가 소중하게 생각하는 핵심가치도 저마다의 이름과 덕목을 지니고 있다. 모든 별은 저마다의 이름이 있고 그 자체로 소중한 존재이기에 어느 것이 더 가치 있는지 이야기하는 것은 무의미하다.

예를 들어 도전이라는 단어의 사전적 의미는 모든 사람에게 같지만 핵심가치로서의 도전은 사람마다 다른 의미를 줄 수 있다. 똑같은 별이라 할지라도 그 별을 바라보고 생각하는 사람에 따라서 다른 의미로 다가온다. 같은 맥락으로 똑같은 단어라 할지라도 자신만의 핵심가치로 삼고 어떤 의미를 부여하느냐에 따라 의미가 달라진다. 호모 코어밸리우스는 밤하늘의 별과 같은 독특한 핵심가치를 지니고 저마다의 빛을 내며 살아가는 사람이다. 호모 코어밸리우스는 핵심가치를 기반으로 자신만의 확고한 철학과 삶의 기준에 따라 생각하고 행동하기 때문에 주변 상황이 혼란스럽고 흔들림에도 자기 길을 걸어갈 수 있다.

별이 내부의 뜨거운 에너지와 더불어 다른 별의 빛을 받아 반사시켜 영롱한 빛을 낸다는 것은 잘 알려진 사실이다. 영화 「라디오 스타」에서도 이와 관련된 대사가 등장한다. 극 중 배우로 등장하는 박중훈이 자신을 위해 떠난 오랜 동료이자 매니저인 안성기에게 "별이 빛나는 이유는 서로 비추어주며 그 빛을 받아 다시 반사하기 때문이야. 제발 돌아와서 나 좀 비춰줘."라고 말하는 부분이다.

핵심가치대로 살아가는 삶은 나만의 방식으로 살아가는 삶이지만 그것이 곧 자기 편의주의적으로 살아가는 혼자만의 삶이 아니다. 행복은 혼자 느끼는 가치가 아니라 더불어 느끼는 인간관계 속의 행복이다. 핵심가치 중심의 삶을 살아가려는 궁극적인 이유는 나답게 살아가는 사람들의 공동체를 만들어 더불어 행복하게 살아가기 위해서다. 내가 남을 위해서 뭔가를 도와주는 봉사의 삶을 살아가기 위해서는 우선 나답게 살아가는 치열함이 있어야 한다. 가장 나다울 때 남을 위해서 내가 도와줄 수 있는 원천이 생긴다. 핵심가치로 살아가려고 노력하는 이유는 우선 개인 차원에서 나답게 살아가기 위함이고 공동체 차원에서 나답게 살아가는 사람들의 연대망을 구축하는 데 있다.

"빨리 가려면 혼자 가고 멀리 가려면 함께 가라"는 말이 있다. 핵심가치의 진정한 의미와 가치는 혼자 가는 것이 아니라 나의 길을 가면서 타인과 더불어 행복한 길을 모색할 때 비로소 발현된다. 나다운 컬러로 세상을 물들이는 삶에 대해 누군가 공감하고 감동할 때 다른 사람도 자신의 스토리로 세상을 열어가야겠다는 다짐과 각오를 하게 된다. 진심이 담긴 나의 이야기는 나의 자만과 교만이 담겨있어서 자랑하려고 하는 이야기가 아니다. 내 삶의 속살을 드러내고 보여주면서 삶의 얼룩과 상처를 동시에 보여주는 것이다. 진심이 담긴 이야기일 때 타인도 공감하고 나의 삶에 반추해서 자신의 삶도 반성해본다.

그런데 우리는 남의 이야기를 하면서 일방적으로 헐뜯고 비난하며 근거 없는 소문을 퍼뜨리는 데 많은 시간을 허비하고 있지는 않은가? 타인의 이야기를 하면서 마치 자신이 알고 있는 사실이 진실인 것처럼 늘어놓는 경우도 적지 않다. 남의 이야기를 듣고 타인의 이야기를 하면서 남의 인생을 사는 사람이 뜻밖에 우리 주변에는 많다. 세상의 주인이 되고 나만의 색깔로 세상을 물들이기 위해서는 나만의 컬러가 드러나는 스토리를 함께 나누고 공감할 때 행복한 스토리 공동체가 된다.

"각자의 길이 정해져 있어서 각자는 제 길을 찾지요. 각각 길은 각각의 다른 별이 차지하고 있으므로 저마다의 별은 길을 바꿀 수가 없어요. 그러면 다른 별을 혼란에 빠뜨릴 테니까요. 그리고 각각의 별은 그가 따라가게 돼 있는 것에 따라 자기 길을 택하지요. (…중략…) 저마다의 길은 완전한 의지에 따른 것이니까요. 어떤 눈부신 사랑이 별들을 인도하고 있는 것입니다. 그들의 선택이 법칙을 확정하게 되니 우리는 그 법칙에 좌우됩니다. 우리는 도망갈 길이 없어요."

핵심가치 중심으로 나의 길을 가는 방법은 핵심가치를 구성하는 키워드대로 스토리를 만들고 스토리대로 나를 끊임없이 바꾸고 세상을 변화시키는 노력을 반복하는 것이다. 핵심가치 중심으로 자신의 신념과 철학을 담는 삶을 살아가다 보면 그런 삶이야말로 바로 내 삶의 히스토리가 되고 역사가 결국 나를 드러내는 삶이 된다. 핵심가치 중심으로 나만의 스토리를 끊임없이 만들어가는 것이 남과 비교하지 않고 나다운 삶을 살아가는 비결이다.

"옳은 길은 있어도 틀린 길은 없다."

「인턴」이라는 영화에서 인턴으로 등장하는 로버트 드 니로의 말이다. 어떤 길을 걸어가든 틀린 길은 없다. 다만 걸어가면서 만든 발자취가 다를 뿐이다. 각자가 만들어가는 길에는 그 사람 특유의 철학과 신념이 반영돼 있어서 비교할 수 없는 고유한 핵심가치가 고스란히 스며들어 있다.

앙드레 지드의 『지상의 양식』 마지막 부분에 보면 '지금까지 읽은 책을 던져버리고 대체할 수 없는 나만의 색다름으로 거듭나라'는 글이 나온다. 조금 길지만 끝까지 인용해본다.

"이제 나의 책을 던져버려라. 너 스스로 해방시켜라. 나를 떠나라. 나의 책을 던져버려라. 거기에 만족하지 마라. 너의 진실이 어떤 다른 사람에 의하여 찾아진다고 믿지 마라. 그 점을 그 무엇보다도 부끄럽게 생각하라. 내가 너의 양식들을 찾아낸다 하더라도 너는 그걸 먹을 만큼 배고프지 않을 것이다. 내가 너의 침대를 마련한다 하더라도 너는 거기에서 잠잘 만큼 졸리지 않을 것이다. 내 책을 던져버려라. 이것을 인생과 대면하는 데서 있을 수 있는 수많은 자세 중 하나에 불과하다는 것을 명심해라. 너 자신의 자세를 찾아라. 너 자신이 아닌 다른 사람도 할 수 있었을 것이라면 하지 마라. 너 자신이 아닌 다른 사람도 말할 수 있었을 것이라면 말하지 말고-글로 쓸 수 있었을 것이라면 글로 쓰지 마라. 너 자신의 내면 이외의 그 어느 곳에도 있지 않은 것이라고 느껴지는 것에만 집착하고, 그리고 초조하게 혹은 참을성을 가지고 너 자신을 아! 존재 중에서도 결코 다른 것으로 대치할 수 없는 존재로 창조하라."

그렇다. 책을 읽는다는 것은 내 생각을 저자의 생각 속에 집어넣는 것이 아니라 저자의 생각을 끄집어내서 지금 여기서 어떤 의미를 지니는지, 나에게 던져주는 의미가 무엇인지, 나아가 내가 처한 현실과 세상을 바라보는 관점에 어떤 변화를 가져올 수 있는지를 따져보는 성찰이다.

책을 읽되 저자의 생각에 갇혀서는 안 된다. 이전과 다르게 세상을 읽어낼 수 있는 안목을 가져야 한다. 그렇지 못한다면 책은 내 생각을 깨어 있게 하는 각성제가 아니라 저자의 생각으로 내 생각을 마비시키는 마취제가 된다. 앙드레 지드 자신도 일상에서 겪는 감각적 체험으로 느끼는 행복감과 일상에서 느끼는 매 순간의 소중함을 특유의 언어적 감각으로 잠자는 영혼을 일깨우는 글을 썼다. 이 책의 마지막에 와서 주장하는 메시지를 요약하면 한 가지다. 나답게 살아가면서 누구나 할 수 있는 일보다 아무나 할 수 없는 일로 존재를 드러내라는 것이다. 호모 코어밸리우스라는 제목으로 가치를 창조하며 부단한 변신을 거듭해가는 삶을 강조한 이 책도 마찬가지다. 다 읽고 나면 책에 의존하지 말고 책이 가르쳐준 지혜를 주체적으로 해석해서 실천하라는 의미다. 책에서 빠져나와야 책에서 만날 수 없는 복잡하고 역동적인 현실을 만날 수 있다. 독서의 완성은 눈으로 책을 읽고 마치는 데 있지 않고 삶을 바꾸기 위해서 작은 실천이라도 진지하게 반복하는 데 있다. 호모 코어밸리우스라는 이름으로 묶을 수 있는 가치 중심의 삶을 살아가는 사람이라고 해도 저마다의 가치와 특유의 의미심장함으로 누구에게도 소속되지 않는 독특한 개성을 지닌다. 앙드레 지드가 이야기하는 대체할 수 없는 존재로 거듭나는 순간이다.

대체할 수 없는 인간은 남이 가질 수 없는 걸 소유하는 사람이 아니라 저마다의 핵심가치대로 생각하고 의사 결정하며 부단히 배워나가는 가운데 자기만의 스토리를 가진 사람이다. 호모 코어밸리우스는 코어 밸류Core Value를 근간으로 인간상을 어제와 다르게 창조하는 넥스트 휴먼의 모습을 상징적으로 표현한 기존 인간상의 대체상이다. 인간의 궁극적 가치이자 본질적 가치는 삶을 올바른 방향으로 이끌어가는 핵심가치에 있다. 나만의 가치만이 핵심이라고 주장하는 고집과 편견의 산물이 아니라 세상에서 나를 가장 나답게 드러내주는 고유함이자 나를 대신해서 표현해주는 또 다른 나다. 저마다의 생명체가 자기만의 고유한 개성을 뽐내면서 전체적으로 조화를 이루듯 인간적인 아름다움도 저마다의 나다움이 전체적인 조화를 이룰 때 비로소 드러난다. 저마다의 마음을 움직이는 가치는 다르지만 가치를 통해서 삶의 가치를 높이려는 생각과 의도는 같다. 삶의 가치는 사람마다 다르지만 다름으로 다양성의 꽃을 피워낸다. 따라서 핵심가치는 개인의 고유함과 독창성을 드러내는 소중한 가치이자 타인과 더불어 다름과 차이를 존중하며 나누고 더불어 살아가는 미덕을 만들 수 있는 공동의 가치다. 그야말로 가치는 같이 만들어 나갈 때 가장 빛나는 미덕이 아닐 수 없다.

신영복 선생 유고집 『손잡고 더불어, 신영복과의 대화』[27] 서문에 보면 핵심가치를 기반으로 나만의 생각을 집대성하는 의미와 본질을 볼 수 있다. "내가 생각하는 사상은 독창적이면서도 보편적인 공감, 설득력, 그리고 쓸모를 지니되, 그것을 숙성시켜낸 사람의 삶 속에서 실천적으로 검증돼 그 삶과 일체가 된 것, 즉 그럴만한 절실함 속에서 자신의 삶과 불가분의 일체가 된 생각이어야만 한다." 자기만의 사상을 갖는다는 것은 독창적일 뿐만 아니라 많은 사람에게도 공감을 불러일으킬 수 있는 보편적인 생각이라는 의미다. 나아가 그것이 책에서 편집된 생각의 집대성이 아니라 자기다운 삶을 살아가면서 사투 끝에 건져 올린 생각의 정수다.

자기만의 사상으로 세상의 중심을 잡은 사람은 핵심가치대로 생각하고 행동하면서 자기만의 스토리에 의미와 가치를 부여한 사람이다. 남의 이야기에 귀를 기울여야 하지만 나의 이야기를 만들어나가는 것이 더욱 소중한 일이다. 앙드레 지드가 자신의 책을 읽은 다음 책을 버리고 길을 떠나라고 한 것도 책 속에 빠져 자기 생각을 잃어버리지 말고 책을 벗어나 자기만의 길을 찾아 과감하게 떠나라는 것이다. 앙드레 지드도 길 위에서 나를 발견하고 나만의 핵심가치대로 살아가면서 나다운 생각이 일목요연하게 정리된다고 힘주어 말하고 있다.

마지막으로 이 책을 읽고 여러분의 핵심가치대로 삶을 살아가기 위해서 안주하고 있는 여기를 떠나야 한다. 고은 시인의 「낯선 곳」이라는 시로 저자 결론의 대미를 장식하려고 한다. 여기서 낯선 곳은 한 번도 가보지 않은 외부의 여행지일 수도 있고 한 번도 진지하게 파고들지 못한 내면의 나일 수도 있다. 핵심가치대로 실천하면서 나만의 길을 찾아 떠나는 것이 새로운 삶과 만나는 길이다. 내가 가야 될 길은 아무도 걸어가지 않은 나만의 길이다. 그 길 위에서 비로소 나는 핵심가치로 나답게 행복한 삶을 사는 호모 코어밸리우스가 된다.

낯선 곳

-고은

떠나라

낯선 곳으로
아메리카가 아니라
인도네시아가 아니라
그대 하루하루의 반복으로부터
단 한 번도 용서할 수 없는 습관으로부터
그대 떠나라

(…중략…)

떠나라
그대 온갖 추억과 사전을 버리고
빈주먹조차 버리고
떠나라
떠나는 것이야말로
그대의 재생을 뛰어넘어
최초의 탄생이다 떠나라

호모 코어밸리우스로 거듭나는 여행

"소설가의 기본은 이야기하는 것tell story입니다. 그리고 이야기를 한다는 것은 말을 바꾸면 의식의 하부에 스스로 내려간다는 것입니다. 마음속 어두운 밑바닥으로 하강한다는 것입니다. 큼직한 이야기를 하려고 할수록 작가는 좀 더 깊은 곳까지 내려가야 합니다. 큼직한 빌딩을 지으려면 기초가 되는 지하 부분도 깊숙이 파 들어가야 하는 것과 마찬가지입니다. 또한 치밀한 이야기를 하려고 할수록 그 지하의 어둠은 더욱더 무겁고 두툼해집니다."[28]

내 삶의 중심인 핵심가치와 관련된 이야기를 하면서 소설가 하루키가 느낀 점에 절대적으로 공감했다. 내 이야기를 책으로 엮으면서 나는 그 어느 순간보다 더 깊은 내면으로 들어가 나를 만나려고 무던히도 애를 썼다. 스토리란 스스로 토해내는 리얼한 이야기다. 좀 더 농밀한 이야기를 하기 위해서는 더 깊은 내면으로 파고들어 가 내 안에 잠자는 영혼의 숨결을 느껴보려고 했으며 때로는 삶의 어두운 부분을 드러내기 위해서는 아픈 상처를 건드려야 했다. 살아온 삶에 비추어 앞으로 살아갈 삶을 전망해보면서 나를 더 잘 알게 됐고 누구보다도 자신을 사랑하게 됐고 더욱 믿게 됐다. 나를 사랑하지 않고서는 남을 사랑할 수 없으며 자신을 믿지 못하면서 타인이 내 말에 귀 기울여주고 믿어주기를 바라는 것이 어리석은 것이라는 평범한 진리를 몸소 확인하는 글쓰기였다. 역시 글은 쓰면서 독자를 겨냥하지만 결국 내 마음을 어루만지며 스스로를 치유하는 과정임을 알게 됐다.

나만의 색깔은 핵심가치로 드러나다

지금까지 핵심가치를 중심으로 나답게 살아가기 위한 여행을 함께해왔다. 이제 여러분은 어둠 속에서도 밝은 빛을 향해 정진할 수 있는 자신만의 소중한 별들을 찾아 가슴에 품게 됐다. 핵심가치들이 더욱 제 빛을 내며 아름답게 별자리를 이루어 삶의 이정표가 됐다. 이제 여러분은 핵심가치를 인생의 등불로 삼아 가장 나답게 살아가면 된다. 나에게 핵심가치가 없었다면 지금도 내가 살아가는 이유와 목적을 모르고 남들처럼 살아가기 위해 언제나 바쁘게 살아가고 있을 것이다.

다행히 나는 핵심가치의 필요성과 중요성을 온몸으로 느끼고 실제로 그걸 찾은 다음 핵심가치대로 생각하고 행동하면서 나만의 아름다운 삶을 찾아가고 있다. 그로 인해 무채색이던 내 삶이 나만의 색깔로 아름답게 빛나기 시작했다. 삶이 컬러풀하게 채색되기 시작한 것은 바로 핵심가치 덕분이다. 도전과 열정으로 현실에 안주하지 않고 새로운 미지의 세계를 향한 행보를 하면서도 언제나 매사에 진심을 다하며 감사함을 잊지 않으려고 노력해왔다. 진정성과 감사는 내가 가장 소중하게 생각하는 핵심가치 중의 핵심이다. 모든 사람을 만날 때나 어떤 일을 할 때도 항상 진심으로 대하고 감사하다는 자세로 임했기에 보잘것없던 내가 오늘의 나로 성장할 수 있었다고 생각한다. 도전과 열정이 있어도 진정성이 없고 감사함을 잊고 산다면 무모한 용기이자 엉뚱한 탐닉으로 빠질 수도 있다. 진심으로 감사하다고 생각하면 세상은 경이로운 기적의 연속이다. 모두가 내 삶의 스승이고 배움의 터전이며 성장의 밑거름으로 생각되기 때문이다.

역사는 하루아침에 바뀌지 않는다. 진지하게 반복하는 작은 실천이 어느 날 한순간에 위대한 반전을 일으킨다. 그 반전을 통해 사람들은 인생 역전의 교훈을 얻으며 감동한다. 한 사람의 역사는 그 사람이 삶의 중심에 두는 핵심가치를 근간으로 생각하고 행동할 때 만들어지는 스토리가 축적돼 생긴다. 한 사람의 역사에는 그 사람이 치열하게 살아낸 삶의 향기가 스며들어 있다.

나는 핵심가치로 살아온 덕분에 타인의 이야기만 인용하며 설명하는 강사가 아닌 나만의 체험적 교훈을 토대로 청중과 소통하며 마음을 나눌 수 있는 강사가 됐다. 그리고 지금도 여전히 나만의 길을 가기 위한 노력은 현재진행형이다. 이것이 곧 내가 살아가는 이유고 가장 나답게 사는 방법이며 행복한 삶을 살아가는 비결이다. "너는 뭐가 그렇게 하고 싶은 것이 많고 가보고 싶은 곳도 많고 왜 인생 힘들게 살아?"라는 질문을 많이 받는다. "바빠서 힘들지 않아?" 이 모든 것은 다 내가 좋아서 하는 일이다. 내 삶을 더 다채롭게 만들어주고 살맛 나게 해주는 일들인데 모든 것이 그저 감사한 마음뿐이다.

　여자에게 가장 두려운 건 나이 드는 거라는 말이 있지만 나는 그 나이 들어감이 너무나 기다려진다. 지금처럼 핵심가치를 내 마음의 도덕법칙으로 삼고 만들어갈 수많은 삶의 무늬들과 체험을 통해 얻어지는 성숙함으로 더 많은 사람의 이야기에 공감하고 타인의 아픔을 어루만져주고 안아줄 수 있는 여유가 생길, 40대가 더욱 기대된다.

　"늘 새롭게 늘 똑같이"라는 슬로건이 있다. 무엇을 새롭게 하고 무엇을 똑같이 하라는 말일까? 늘 새로우면서 과연 똑같을 수 있을까? 이 글은 수십 년 동안 진정한 삶의 의미를 추구해온 이 시대 대표적 작가들의 정신과 소외된 이웃을 돌보는 보통사람들의 따뜻한 이야기를 전하는 샘터의 슬로건이다. 나는 이 글만큼 핵심가치의 속성을 잘 표현한 것은 없다고 생각한다. 늘 새 물이 솟아야 샘의 구실을 한다. 고여 있으면 그건 웅덩이지 샘이 아니다. 그렇기에 고여 있는 것을 다시 퍼내야 하고 새로워져야 한다. 맑은 물을 유지하기 위해 늘 순환이 돼야 하는 이치다. 다만 새로운 것을 받아들이되 그 본질은 변치 말아야 한다. 늘 새롭지만 본래의 가치에서 벗어나지 않는다는 의미로 "늘 새롭게 늘 똑같이"라는 슬로건을 만들었다.

　같은 맥락으로 핵심가치 역시 본질을 잘 유지하며 본인의 가치를 생각하고 실천하며 다양한 체험을 통해 모든 것이 새롭게 달라져야 한다는 의미로 해석할 수 있다. 나 역시도 도전, 열정, 진정성, 감사, 치유라는 다섯 가지 핵심가치는 절대로 바꾸지 않고 새로움에 도전하면서 삶을 열정적으로 바꾸고 진정성을 기반으로 범사에 감사하면서 치유하는 일상을 통해 따뜻함을 전하는 삶을 살고 있다. 나는 거창한 꿈과 추상적인 비전보다 매일매일 내 삶의 거울이라고 볼 수 있는 핵심가치를 중심으로 작은 일이지만 진지하게 실천하면서 나만의 삶의 이야기를 만들어가는 데 무게중심을 둔다. 핵심가치는 세상이 아무리 흔들려도 무게중심을 잡고 꿋꿋하게 살아갈 수 있도록 힘을 주는 삶의 기둥이기 때문이다. 호모 코어밸리우스는 어제와 다른 오늘의 내가 되기 위해, 그리고 오늘의 나와 다른 내일의 내가 되기 위해 조금 더 나아지려고 애쓰는 사람이다. 늘 변신하는 삶을 통해 나 자신은 물론 다른 사람들에게도 가치 있는 사람이 무엇인지를 솔선수범의 리더십을 통해 보여주는 사람이다.

삶은 살지 말지 선택의 문제가 아니라 살아내지 않으면 사라질 수밖에 없는 운명이다. 삶이란 무엇을 달성하기 위해서 전속력으로 앞만 보고 달려가는 고속열차가 아니라 매 순간 살아가면서 온몸으로 느끼는 완행열차다. 고속열차로 지나가는 여행은 수많은 간이역을 하나의 점으로 인식하면서 목적지에 더 빠르게 도달하는 속도와 효율을 강조한다. 반면에 완행열차로 떠나는 여행은 목적지로 가는 여정에서 만나는 수많은 간이역을 내가 살아가면서 만나는 수많은 순간으로 해석하며 그 순간에 느끼는 삶의 밀도감과 행복감을 강조한다.

핵심가치를 추구하며 나만의 스토리를 만들어가는 여행, 즉 핵심가치대로 생각하고 행동하면서 나다움을 발견하는 호모 코어밸리우스는 고속열차 여행이 아니라 완행열차 여행을 즐기는 사람이다. 삶이라는 여행은 목적지에 빨리 도달하는 데 가치를 두고 있지 않다. 삶이라는 여행은 수많은 여정에서 자기를 발견하고 매 순간을 즐기는 것에 보다 높은 가치와 의미를 두고 있다. 삶에서 경험하는 매 순간은 숫자나 추상명사로 단순화시킬 수 없는 감각적 체험의 박물관이다. 앙드레 지드의 『지상의 양식』은 일상에서 경험을 통해 체득하는 지식의 소중함으로 이렇게 역설하고 있다.

"바닷가의 모래가 부드럽다는 것을 책에서 읽기만 하면 되는 것이 아니다. 나는 내 맨발로 그것을 느끼고 싶은 것이다. 감각으로 먼저 느껴보지 못한 일체의 지식이 내겐 무용할 뿐이다."

바닷가 모래가 부드럽다는 감각적 느낌을 책을 통해 머리로 이해하는 것과 실제 바닷가 모래를 맨발로 밟으면서 가슴으로 느끼는 감각적 체험은 하늘과 땅 차이다. 마찬가지 맥락에서 핵심가치가 소중하다고 논리적으로 역설해도 실제로 실천하면서 내 몸이 느끼는 체험적 감각과 깨달음이 뒷받침되지 않으면 무용지물이다.

앞에서도 언급했듯 핵심가치는 좋은 말을 모아놓은 추상명사 사전이 아니다. 핵심가치, 예를 들면 저자의 핵심가치로 소개한 도전과 열정, 진정성, 그리고 감사와 치유도 『국어사전』에 나오는 추상명사가 아니다. 도전과 열정은 부단히 도전하고 열정적으로 매사에 임하는 자세와 태도를 넘어 구체적인 행위를 지칭한다. 진정성도 진실한 마음가짐이나 믿음을 주려는 노력을 넘어 사람과 사람 사이에 믿음직한 신뢰의 뿌리가 내리도록 부단히 노력하는 실천의 반복을 의미한다. 감사와 치유도 그것이 지향하는 미덕을 칭송하는 관념적인 개념이 아니다. 일상에서 매사에 고맙다고 생각하는 마음을 구체적으로 실천에 옮기는 행동이며 타인의 아픔에 눈감지 않고 발 벗고 나서서 어루만져주고 보살펴주는 구체적인 행동이다.

핵심가치대로 살아가면서 매 순간 느끼는 감각적 깨달음을 무엇보다도 소중하게 생각하고 자체를 즐기는 여정이야말로 세상에서 가장 아름다운 여행이다. 비슷한 맥락으로 나는 "행복은 관념 속에 갇혀 있는 개념이 아니다. 행복해지기를 꿈꾸고 생각하는 것만으로는 만족할 수 없다. 행동이 뒤따르지 않는 생각은 나에게 무의미한 망상일 뿐이다."라고 말하고 싶다.

뭔가를 오랫동안 생각한다고 해서 그것이 실현되거나 행복해지는 것은 아니다. 행동하고 무언가를 시도하는 과정에서만 복잡한 상념과 나약한 의지를 극복하며 행복에 한 걸음 다가갈 수 있다. 행동을 통해 새로움을 맛볼 수 있고 그 경험이 가져다주는 성취감과 기쁨 속에서 진정한 행복을 경험할 수 있다. 핵심가치는 행복으로 가는 출발점이자 여정이며 종착역이다. 그 종착역에서 또 다른 종착역으로 가는 여정을 즐기는 삶, 그것이 바로 핵심가치를 중심으로 삶을 살아가는 호모 코어밸리우스의 삶이다.

자기다움을 발견하는 여정 속에 호모 코어밸리우스가 살아간다

핵심가치대로 살아가는 삶은 자기다움을 드러내는 삶이다. 자기다움이 없이 살아가는 사람들에게는 시기와 질투의 대상이 될 수도 있다. 핵심가치대로 살아가는 삶에 대해 주변의 왈가왈부가 있을 수 있고 공개적으로 비난의 목소리를 높여 아픈 상처를 주는 사람도 있을 수 있다. 이들은 대부분 평생을 남과 비교하면서 남들처럼 살아가려고 노력하는 사람이다. 모든 가치판단의 기준과 잣대가 내 안에 있지 않고 다른 사람에게 있다. 모든 관심과 노력도 바깥의 기준을 향해서 열려 있기 때문에 자신을 들여다보거나 내 안의 잠자는 재능을 찾아가는 여행을 떠나지 않는다. 시간이 날 때마다 이들은 남들의 남다른 성취결과에 못마땅해하면서도 정작 그들이 어떤 노력을 통해서 그런 결과를 만들어냈는지는 관심조차 없다. 언제나 불평을 안고 살아가며 매사가 불만의 대상이다. 이들의 주특기는 칭찬, 격려, 배려, 존중보다 비난, 질책, 조소, 조롱이다.

그럴 때일수록 사람들의 비난과 조소에 일일이 대응하며 에너지를 낭비할 것이 아니라 오히려 그들을 불쌍히 여기는 마음으로 포용하고 내 길을 걸어가는 담담한 자세가 필요하다. 경지에 이른 사람, 남다른 성취에 이른 사람들은 한결같이 세상의 어떠한 비난과 조소에도 아랑곳하지 않는다. 그들은 묵묵히 자기 길을 걸어가면서 아무나 할 수 없는 자기만의 스토리를 만든 사람들이다. 핵심가치대로 살아가는 삶이야말로 나다움을 드러내는 가장 아름다운 삶인 동시에 다른 사람과 구분되는 차별적 가치를 창조하는 삶이기도 하다.

호모 코어밸리우스가 가장 심혈을 기울여 들으려고 노력하는 소리는 내면에서 울려 퍼지는 영혼의 목소리다. 영혼의 목소리를 듣지 않고 세상의 수많은 의견과 주장에 휩싸일수록 자기중심을 잃고 주관 없는 인생을 살게 된다. 다양한 세상의 소음이나 잡음에 휘둘리지 않고 내 안의 핵심가치가 주장하는 의견에 귀를 기울이기 위해서는 밖의 사람을 만나는 여행보다 내면의 가치를 찾아가는 여행을 떠날 필요가 있다.

사람은 일생 한 번도 가보지 못한 곳을 찾아 떠나는 여행을 반복한다. 어디에서 누구와 함께 무엇을 보고 느끼는지는 사람에 따라 다르다.

하지만 여행을 통해 사람은 지금 여기에서의 삶이 얼마나 소중한지를 깨닫게 되며, 낯선 곳에서의 만남으로 익숙함과 안일함의 틀을 깨는 깨달음의 즐거움을 얻는다. 지금까지의 여행이 곧 나라는 말도 있지 않은가. 여행의 출발이자 마지막은 바로 나를 만나러 떠나는 여행이다. 내가 누구인지를 알지 못하고 밖으로 떠나는 여행은 좋은 곳에서 사진 찍고 맛있는 음식을 먹는 관광일 뿐이다.

진정한 여행은 내가 누구인지를 만나러 떠나는 자아발견 여행이다. 밖으로 떠난 여행이지만, 끊임없이 자기 정체성을 캐물으면서 수시로 내 안의 나를 만나는 과정이다. 그래서 세상의 모든 여행은 혼자 떠나든지 남과 함께 떠나든지 돌아올 때는 떠나기 전의 내가 다른 나를 만나서 함께 돌아오는 동행인지도 모른다. 나의 존재가치와 삶의 이유를 찾기 위해 떠났던 여행은 이쯤에서 마무리한다.

지금부터는 여러분이 찾은 자신의 핵심가치를 확인하고 점검하며 정련하는 여행은 삶이 계속되는 한 끊임없이 반복돼야 할 삶의 숙제이자 축제다. 똑같은 여행이지만 어제와 다른 여행을 통해서 낯선 깨우침을 얻는 여행이 계속될 때 우리 삶도 지금 여기에 머물러 있지 않고 행복으로 한 걸음 더 나아갈 것이다. 여러분도 이 책을 통해 발견한 핵심가치대로 생각하고 행동하며 모두가 삶의 중심을 잡고 행복한 삶을 영위할 수 있기를 기원해본다.

| 미주 |

01. 제러미 리프킨, 『공감의 시대』, 이경남 옮김, 민음사, 2010

02. 빅터 프랭클, 『죽음의 수용소에서』, 옮김, 청아출판사, 2005

03. 박승오 · 홍승완(2009)의 『나의 방식으로 세상을 여는 법』(고즈윈 출간)을 참고로 작성했음을 밝혀둔다.

04. 이 부분은 유영만 · 오세진(2014)의 『커뮤니테아』(새로운제안 출간)을 참고로 작성하였음을 밝혀둔다.

05. 이 부분은 유니타스 코칭 (season 2.5 Vol. 24)의 『휴먼 브랜딩』(모라비안유니타스)를 참고로 작성했음을 밝혀둔다.

06. 천양희, 『첫 물음』, 다산책방, 2015

07. 구본형 변화경영연구소, 『나는 무엇을 잘할 수 있는가』, 고즈윈, 2008. 이 책을 참고로 작성하였음을 밝혀둡니다.

08. 이 부분은 잉크 주식회사 대표인 케빈 돔Kevin Daum이 쓴 '당신의 핵심가치를 규명하는 5단계 연습Define Your Personal Core Values: 5 Steps'을 기반으로 수정 보완해서 작성한 내용임을 밝혀둔다(참고)

09. 존 맥스웰, 『인생의 중요한 순간에 다시 물어야 할 것들』, 김정혜 옮김, 비즈니스북스, 2015

10. 김위찬 · 르네 마보안, 『블루 오션 전략 확장판- 경쟁 없는 시장 공간을 창조해 경쟁을 무의미하게 만드는 법』 김현정 · 이수경 옮김, 박재원 · 성광제 감수, 교보문고, 2015

11. 유영만, 『체인지體仁知』, 위너스북, 2012.

12. 앨버트 포델, 『50년간의 세계일주』, 이유경 옮김, 처음북스, 2015

13. 에리히 프롬. 철학자. 미국 신 프로이트학파의 정신분석학자이자 사회심리학자이다. 주요 저서에 『자유로부터의 도피』 『선禪과 정신분석』 등이 있다.

14. 엄태동, 「키에르케고르 간접전달의 인식론적 의의 -인식론의 딜레마와 교육적 해결」, 교육철학, 19. pp. 117~144, 1988

15. 법정 · 최인호, 『꽃잎이 떨어져도 꽃은 지지 않네: 법정과 최인호의 산방 대담』, 여백, p. 89, 2015

16. 은유, 『쓰기의 말들』, 유유, 2016

17. 정민, 『미쳐야 미친다』, 푸른역사, 1997

18. 토머스 J. 빌로드, 『성공명언 1001』, 안진환 옮김, 쌤앤파커스, 2007

19. 찰스 테일러, 『불안한 현대 사회』, 송영배 옮김, 이학사, 2009

20. 탈 벤 샤하르, 『행복이란 무엇인가』, 김정자 옮김, 느낌이있는책, 2014

21. 애나 김, 『감사일기의 힘』, 도서출판 평단, 2015

22. 데보라 노빌, 『감사의 힘』, 김용남 옮김, 위즈덤하우스, 2008

23. 김성회, 『리더를 위한 한자 인문학』, p. 169, 북스톤, 2016

24. 참고: 한국일보 2016. 12. 23일자 천주교 주교회의 정의평화위원장 유흥식 주교님 인터뷰 기사

25. 신영복, 『담론』, 돌베개, 2015

26. 앙드레 지드, 『지상의 양식』, 김화영 옮김, 민음사, 2007

27. 신영복, 『손잡고 더불어, 신영복과의 대화』, 돌베개, 2017

28. 무라카미 하루키, 『직업으로서의 소설가』, 양윤옥 옮김, 현대문학, 2016

| 참고문헌 |

국문 문헌

강승규, 『나다움, 어떻게 찾을까!』, 학지사, 2009

김성회, 『리더를 위한 한자 인문학』, 북스톤, 2016

김위찬 · 르네 마보안, 『블루 오션 전략 확장판』, 김현정 · 이수경 옮김, 박재원 · 성광제 감수, 교보문고, 2015

김홍기, 『댄디, 오늘을 살다』, 아트북스, 2014

박승오 · 홍승완, 『나의 방식으로 세상을 여는 법』, 고즈윈, 2009

법정 · 최인호, 『꽃잎이 떨어져도 꽃은 지지 않네: 법정과 최인호의 산방 대담』, 여백, 2015

신영복, 『담론』, 돌베개, 2015

신영복, 『손잡고 더불어, 신영복과의 대화』, 돌베개, 2017

신창호, 『나는 무엇인가-배려의 철학을 위하여』, 우물이있는집, 2015

신창호, 『한글 대학 · 중용』, 판미동, 2015

엄태동, 『키에르케고르 간접전달의 인식론적 의의』, 교육철학, 19. pp. 117~144., 1988

유니타스코칭, 『휴먼 브랜딩』, (season 2.5 Vol. 24), 모라비안유니타스

유영만, 『체인지體仁知』, 위너스북, 2012.

유영만 · 오세진, 『커뮤니데아』, 새로운제안, 2014

윤정구, 『진정성이란 무엇인가』, 한언, 2012

애나 김, 『감사일기의 힘』, 평단, 2015

임경선, 『태도에 관하여』, 한겨레출판, 2015

정민, 『미쳐야 미친다』, 푸른역사, 2007

최서윤, 『인생의 빛』, 박영Story, 2015

외국 문헌

데보라 노빌, 『감사의 힘』, 김용남 옮김, 위즈덤하우스, 2008

레프 톨스토이, 『살아갈 날들을 위한 공부』, 이상원 옮김, 위즈덤 하우스, 2007

로버트 그린, 『마스터리의 법칙』, 이수경 옮김, 살림Biz, 2013

부라카미 하루키, 『직업으로서의 소설가』, 양윤옥 옮김, 현대문학, 2016

빅터 프랭클, 『죽음의 수용소에서』, 이시형 옮김, 청아출판사, 2005

알랭드 보통, 『불안』, 정영목 옮김, 은행나무, 2011

앙드레 지드, 『지상의 양식』, 김화영 옮김, 민음사, 2007

앤드류 포터, 『진정성이라는 거짓말』, 노시내 옮김, 마티, 2016

앨버트 포델, 『50년간의 세계일주』, 이유경 옮김, 처음북스, 2015

존 맥스웰, 『인생의 중요한 순간에 다시 물어야 할 것들』, 김정혜 옮김, 비즈니스 북스, 2015

제레미 리프킨, 『공감의 시대』, 이경남 옮김, 민음사, 2010

찰스 테일러, 『불안한 현대 사회』, 송영배 옮김, 이학사, 2001

탈 벤 샤하르, 『행복이란 무엇인가』, 김정자 옮김, 느낌이있는책, 2014

토머스 J. 빌로드, 『성공명언 1001』, 안진환 옮김, 쌤앤파커스, 2007

호모 코어밸리우스

초판 1쇄 인쇄 2017년 4월 3일
초판 1쇄 발행 2017년 4월 7일

지은이 오세진
펴낸이 안현주

경영총괄 장치혁 **마케팅영업팀장** 안현영
디자인 표지 twoes 본문 dalakbang

펴낸곳 클라우드나인 **출판등록** 2013년 12월 12일(제2013-101호)
주소 우) 121-898 서울시 마포구 월드컵북로 4길 82(동교동) 신흥빌딩 6층
전화 02-332-8939 **팩스** 02-6008-8938
이메일 c9book@naver.com

값 15,000원
ISBN 979-11-86269-71-8 03320